李中莹亲子关系全面技巧

白金版

李中莹·著

北京联合出版公司
Beijing United Publishing Co.,Ltd.

图书在版编目（CIP）数据

李中莹亲子关系全面技巧：白金版 / 李中莹著 .—北京：北京联合出版公司，2017.2（2024.2 重印）
ISBN 978-7-5502-6309-3

Ⅰ . ①李… Ⅱ . ①李… Ⅲ . ①亲子关系—家庭教育 Ⅳ . ① G781

中国版本图书馆 CIP 数据核字（2016）第 287501 号

李中莹亲子关系全面技巧：白金版

作　　者：李中莹
责任编辑：李　征
特约策划：魏　玲
产品经理：韩　烨

北京联合出版公司出版
（北京市西城区德外大街 83 号楼 9 层　100088）
北京世纪恒宇印刷有限公司印刷　新华书店经销
字数 207 千字　710 毫米 ×1000 毫米　1/16　印张 18.5
2017 年 3 月第 1 版　2024 年 2 月第 11 次印刷
ISBN 978-7-5502-6309-3
定价：52.00 元

推荐序　把信传递下去

与李中莹老师的相识，缘于微博，始于去年的9月。在此之前的多年，虽已久闻大名，却不曾想过生命中会发生交集。从两年前开始，因为自己孩子的教养问题，开始关注起有关亲子关系的话题，并时常在微博上分享一些自己粗浅的感悟。这个过程中，幸得李中莹老师的关注，不断地给予我教诲、指导、鼓励和鞭策。记得我在表达自己的谢意时，李中莹老师的一句话深深感动了我，他说："我的使命是信差，把有用的学问送到该收信的人。你已经用微博在做同样的事，是同道中人了。"这句话既彰显了一位大师的谦虚、淡泊，更透出了他深深的责任感和使命感。这份人格的魅力令我折服和感动，也给了我莫大的信心和力量。

系统、全面是我读本书的第一感受。书中内容不仅涉及了很多传统亲子书籍中包含的亲子沟通、情绪管理、智商提升、高效学习等问题，更有基于近几年社会中出现的小悦悦事件、名教师家暴、城市高离婚率等所反映出的一些新问题，比如孩子的心理素质、家长的心态调节、单亲和再婚家庭的亲子关系、生命系统等问题。书的内容，可以说时代性非常强，几乎包含了当前亲子关系中所能触及的一切话题。在一本书中用如此多的维度去阐释亲子关系，给人以启示，我还是第一次读到。

精简、通俗是本书的特点之一。在一本书中能包容如此多的知识点，是源于李中莹老师对亲子关系的规律、特点深刻的理解和把握，以及多年多领域学问的积累和娴熟的语言驾驭能力。现在的很多涉及亲子关系，特别是儿童教育学和心理学的书籍，专业性过强，晦涩难懂，用了很长的篇幅去解释一个原本很简单的概念，把简单的问题搞复杂化，结果家长不仅没变得更智慧、更从容，反而更迷茫和焦虑。而本书虽然每个问题阐释的篇幅都不算长，却架构完整，条理分明，言语简洁，通俗易懂。

实用、可操作性强是本书的又一大特点。全书用大部分章节阐述了各种技巧、方法，而不是空泛地谈理论和炒作一些新奇的概念。比如生活中，我们自己或周边的家长常抱怨学校、老师导致了孩子厌学，但却从没想过是不是自己的教养方式有待检讨，是不是自己没有帮孩子找到一个适合他自己的高效的学习方法的问题呢？书里有一章节专门谈到了提升学习的各种技巧，包括如何培养孩子的心智、情商、智商的各种技巧，而掌握了这些方法，自然具备了自我学习的能力，好的成绩只是一个水到渠成的结果罢了。也正是这种实用性，让我觉得这本书中的很多方法、技巧不仅读起来通俗易懂，做起来依然简单可行。

信念和价值观的一以贯之，以及深深的人文关怀是我喜欢这本书的最大原因。有关育儿技巧方面的书籍市面上也有不少，但如果我们细读会发现，很多方法、技巧背后所反映出的价值取向甚至都是矛盾的，比如有的书在理念上大谈培养孩子的独立精神，在章节上又教授家长让孩子听话的各种办法；在道德层面大批社会上的拼爹现象，而在实务方面又教授家长如何让孩子比人强，等等。而本书虽然从多维度论述了亲子关系的各个方面，但所体现的信念和价值取向却是非常一致的，就是家长唯一要做的事就是培养出孩子照顾自己人生的能力。基于这样的理解，父母自然就会给予孩子充分的尊重、整体的接纳和更多的选择，从而在教养方式上，更多地体现以人为本，尊重孩子作为“人”的尊严、价值和唯一性；在亲子互动中，更多地传递一份人文关怀，相信孩子有内在自我成长的动力、能力和秩序。

以上是我读了本书后的整体感受。当然，读书是很个性化的事，特别是对成年人而言，某种意义上，读书就是读自己，每个人都在别人的文字中寻找着自己。而本书，至少对我而言，受益良多。这种收获，不仅仅是帮助我更好地教育孩子，更重要的是，帮助我自己，在育儿的过程中完成育己，在陪伴孩子长大的过程中，更好地做到自我觉察和自我成长。

在一次聆听李中莹老师的教诲中，他在一张纸上画了个圈，里面写上我的名字，外面又画了个圈，写上家庭，我知道那是指家庭系统赋予的使命，然而老师又在外面画了个更大的圈，写上中国，外面再画一个圈，写上世界，他告诉我：“你知不知道你现在做的事情可能会影响某一个家庭，而这个家庭的孩子因为受到这种影响将来可能改变中国，他孩子的孩子甚至可以改变世界？而这些事情，你甚至永远不会知道。”说实话，我以前真的没想过这个问题，即使现在，我有所觉察，但依然不自信自己有这个能力，但有一点我非常确信，李中莹老师和他的学问正在做这样一件事。如他自谦所言，他是一位信使的话，那么这本书就是他给天下父母和孩子的那封信。如果更多的家长，包括我在内，能用心地去阅读和践行这封信中的理念和方法，那我们对孩子的教养方式会更趋于完善，亲子关系乃至家庭关系会更和谐，从而不仅会给孩子一个快乐的童年，更会给孩子一个精彩的未来。

王人平

2013 年 1 月 10 日

升级版序言

不知不觉《亲子关系全面技巧》这本书已经出版了12年。承蒙北京磨铁图书有限公司错爱，愿意为我建立一个著作系列，碰巧原来的出版合约也到期了，所以就把这本书的修订版作为《李中莹家庭大学系列》著作的第一本书。

这个修订版增添了不少内容，有：（1）深入认识亲子关系的意义；（2）帮助孩子提升智商的技巧；（3）家长的心态调节；（4）再婚家庭的亲子关系；（5）流产、人流与领养的问题；（6）孩子的心理素质教育；（7）解决孩子学习问题的方向；（8）生命系统的概念。

其中，家长的心态调节包含了一些我国社会普遍存在的问题：第一，家长重男轻女的心态；第二，家长望子成龙的心态；第三，家长对孩子的投射和操控（Z型效应）；第四，孩子之间年龄差距小于两年会产生的问题；第五，早教问题。

另外增添的一个方面是关于心理素质教育的。两年前我有感于社会不断出现的惊人血案，例如：开车撞伤人并下车把伤者杀死、小悦悦事件、名教师家暴、哈医大血案、抚顺的17岁男孩拿刀杀人，等等。这些人都没有精神病病史，但他们却犯下这些有悖人性的罪行，让我感到难过与感慨，我决心深入研究这个问题。2011年冬天，我在上海华东师范大学的公开课里将这个研究结果做了分享，是为“人生15项基本能力的缺失”。这“人生15项基本能力的缺失”的内容，加上一些我过去已经提出的概念，合称为“心理素质教育”。

我认为，一个孩子在成长中如果能够接受充分的心理素质教育，那么这些惊人的案件里的仇杀、愤杀、伤人以及矛盾冲突等情况，绝大部分都不会出现。在这本书里，我只打算简略地讨论这15项基本能力的缺失问题。鉴于它们的内容很值得我们进行深入了解，所以我计划在不久的将来，专门就它们写一本书。这并不是我故意卖关子，而的确是这方面的内容太多了，需要另外写本书才能讲清楚。希望大家体谅。

过去几年，我也深入研究了孩子在学习方面存在的问题。我发现，虽然社会上有各种课程与训练班，其中也有不少是挺好的，却没办法发挥出满意的效果，这是因为它们都只解决局部的问题，而要根除孩子学习的问题，必须在四个方面同时进行，就像一辆车的四个轮子，缺一不可。在修订版里，我也将简单介绍这个问题。而针对这个问题里的一些详细内容，我也准备另写一本书，同时研发一系列的课程与训练模式，供家长和孩子参阅及实践。

12年前，在这本书初版的第一章中我就写过：我们正处于一个“小孩不好过，家长更难为”的时代。12年后的今天，小孩更不好过，家长是更更难为。生活中的夫妻关系、孩子的学习问题、亲子关系、家庭关系、企业管理、事业、财富、起居、衣食住行等各方面都增加了压力。有钱人有有钱人的压力，赚钱人有赚钱人的压力，缺钱人也有缺钱人的压力。世界不停进步，社会的物质生活水平也不断提升，可是这些不仅没有让人拥有一颗更安宁、更安静的心，反而为人增添了更多的烦恼、焦虑。

我刚刚看到一份统计报告，2011 年，北、上、广、深四大城市的离婚率是 37% ~ 40%。5 年前我就知道，中国的离婚数字以每年 200 万对夫妻的速度增加，我肯定这个数字今天更大了。由此也产生了更多的单亲家庭和再婚家庭，而在这两类家庭中，有很多亲子关系方面的问题需要注意。所以，在这个修订版里我也分享了一些处理这方面问题的技巧。

社会和家庭的这些变化当然不是我们不能够或者不需要做好亲子关系的理由，相反，我们因此更需要关注亲子关系。没有孩子，我们的未来很苍白；没有下一代，这个社会、这个国家也没有前途。只要我们准备活下去，我们就要为未来而活；只要我们已经把生命传递下去，我们就要为世界的未来负责。所以，亲子关系的改善是我们人生当中没有办法逃避的一件极重要的事情。

我是一个非常乐观积极的人，我相信，就像人生任何方面的事情一样，亲子关系既然对人生这么重要，我们一定可以把它处理得很好，而且会在一种轻松、满足、成功、快乐的状态里把它处理好。

在过去 12 年中，那些伴随我走过，还有正陪我一同走的所有老师、朋友与学员，感谢你们，衷心地感谢！

李中莹

2012 年 10 月

序言　孩童时代决定整个人生

这本书是我在 1998 年 10 月，用一个月的时间写出来的。回想当时的心情：静儿（我的第一位太太）逝世的创痛还在心中；刚从美国 NLP University 的 NLP（身心语法程序学，全称是 Neuro Linguistic Programming）高级文凭班毕业回来，热情高涨；看到报纸、杂志、电视每天都在报道充满悲惨的故事，无论涉及的是成年人抑或小孩，其背后的原因都是当事人在孩童成长过程中，没有建立起良好健康的心理，这让我感到心情沉重。当时，我已经累积了一些教授 NLP 课程的经验，也私下接受了一些心理辅导的个案。看到学员和受导者有所提升，高兴之余，我不禁开始思索他们问题的根源。结论是同样的：在童年成长过程中，没有培养出良好健康的心理。

我与静儿的家庭生活也有很多不如意的地方。在两个人之间以及两个人与孩子之间，都存在很多问题，大部分是我的责任。结婚

20年后，也就是1992年，我接触了NLP，知道那是解决问题的钥匙，但对很多事情来说，却已经太迟了。细想我自己问题的根源，结论也是一样：我在童年成长的过程中，没有培养出良好健康的心理。

后来我明白了，不论我教NLP或者做辅导工作多么有效，都只不过是治标而已。今天出生的婴儿，30年后仍会找我学NLP或者为他做辅导，除非这个婴儿在成长过程中，能够培养出良好健康的心理。

想到这里，我心中自然涌出一种力量，这力量的结果就是这本亲子方面的书。

绝大部分家长都是竭其心智，努力地追求一个目标：使孩子成长得最好。只是，他们的辛劳往往达不到期盼的效果，因为他们的思想、说话和行为，受到传统文化、社会状况、上一代的熏染等影响，致使他们只能重复过去的做法。就算家长意识到有改变的必要，也很难找到相关书籍或者课程使自己提升。

还有一部分家长甚至不认为自己需要改变。对于生活中的不成功、不快乐，他们诿过于外界因素：社会、世界、政府、风气、潮流、工作压力、环境、其他人等，甚至“我怎知道”没有建立起良好健康的心理，即性格上有弱点。一个人是不能没有性格的，因为他需要一个性格去处理人生中每一刻出现的事情。但也就是这个性格使他不去做出使自己有所提升的改变。孩子总是从一张白纸开始，主要的学习来源是他的家长，若家长没有改变，孩子便只会继承同样的思想和行为模式。

这本书此前作为一种学习资料，没有正式出版发行，竟然在一年内卖出了6000余份，确实出乎我的意料。这绝对不是因为我写得好（我还有一点自知之明），而是因为传授这方面的知识的确是社会的当务之急，家长急需一些亲子方面的易懂易做的概念和技巧。

我的第二本书《NLP——帮助人生变得更成功快乐的学问》（内地版名为《重塑心灵》），成功地打入了书店，这本亲子书也可以因此而有更广的市场。我决定将内容做一次全面的修订，正式出版发行。

李中莹

2001年6月，香港

PART1 好的亲子关系，从好的亲子观念开始

良好的亲子关系不仅有利于孩子的成长，也有助于和谐家庭关系的营造，因此家长要努力协调好和孩子的关系。不过，在具体行动之前，家长还是先来了解一些好的亲子观念吧。

PART 2 培养优秀孩子的技巧

什么样的孩子才是好孩子？也许每个家长心里都有自己的评价标准和培养方式，但是这些标准和方式真的符合孩子的特点和需求吗？家长可以参看这一章的内容，自我评判一下。

PART 3 让你和孩子更亲密的技巧

与孩子像朋友一般相处，也许是每个家长心中的希望。那如何协调好与孩子的关系呢？要达到此目的，家长是需要了解一些技巧的，而且还要将这些技巧真正运用在亲子相处上。

PART4　改变孩子，先要改变自己

在协调亲子关系的过程中，家长还需要不断地调整心态，缓解压力。通过这样的自我修炼，家长不仅可以为孩子树立好的榜样，施加好的影响，更能促进亲子关系的和谐融洽。

PART1

好的亲子关系，从好的亲子观念开始

良好的亲子关系不仅有利于孩子的成长，也有助于和谐家庭关系的营造，因此家长要努力协调好和孩子的关系。不过，在具体行动之前，家长还是先来了解一些好的亲子观念吧。

第一章

做好家长，正确的信念比行动更重要

一、一个“孩子难，家长更难”的时代

我们正处于一个“小孩不好过，家长更难为”的时代。

与我们自己的孩提时代相比，今天的孩子要面对更多的挑战和更艰难的成长环境。调查显示，与20年前比较，现今的小孩：

- 学习能力下降了。
- 情绪处理能力更差，变得更神经质、更易生气、更消沉。
- 社交技能更差，变得更孤僻、更易冲动、更不听话。

比起三四十年前的上一代，今天的家长：

- 更需要卖力工作，工作时间更长。
- 社会各方面的压力更大。

表面上看，全社会都格外关注孩子，但实际上，今天的孩子受到的关注不是更多而是更少！今天的大部分家长陪伴孩子的时间，比当年他们自己是小孩时所获得的家长陪伴的时间更少，而所做的沟通，在质与量上都有明显的退步。香港的一项调查显示：现今家长与小孩的沟通时间，平均每天只有六分钟！我国内地实行独生子女政策，这本来应使每个孩子获得更多关注，但事实上产生上述问题的情况不是更少，而是更多！

千百年来，小孩一直依靠家庭中成人的教导，或者在与其他孩子玩耍中学到基本的情绪处理和社交技能。在今天的社会里，这些学习途径却日渐消失。

今天的孩子每天花大量时间面对着电视、电脑和电子游戏机。这些新科技产品固然有它们的用处，却不会使孩子在人际关系、沟通技巧、情绪处理和其他许多重要的生活知识以及能力上有所进步！

学不到基本的情绪智能，对孩子的成长会产生严重的影响。研究表明，无法辨别焦虑和饥饿的女孩比较容易患饮食失调症；情绪容易冲动的男孩容易有暴力倾向；不会控制冲动的女孩容易在十六七岁便怀孕；不懂得应付焦虑及抑郁的孩子容易吸毒、酗酒。显而易见，这些孩子都较难有很好的前途。

家长和孩子之间，本来应该有最亲密的关系，可是今天的家长有时会觉得跟孩子无话可说，孩子也常常不愿把心中的想法跟家长分享。在不少家庭里每天都发生争吵，导致两代之间的矛盾随着时间推移而加深。显然，家长和孩子之间需要一些沟通和处理情绪的技巧，使家长与孩子每次有不同意见或者不满时懂得如何处理，从而使关系变得更紧密而不是更疏远。

同时，在学习方面，孩子急需一些能使他们对学习重新产生兴趣的技巧，例如有效而且省时的记忆方法。

另外，认识自我价值、在群体中建立和谐的关系和拥有不卑不亢的人生态度，对于他们日后的成长极为重要。

这本书，以及今后还将继续出版的有关亲子关系技巧的系列图书，便是针对这些需要而设计的。

二、相信自己就是最好的家长

对于本书，我有以下一些想法与读者分享：

第一，没有绝对的技巧，这本书给大家提供的只是即时能用、很快见效的技巧模式。孩子成长的过程很复杂，在不同的年龄阶段，对很多事情都会有不同的需要和反应，再加上每一个家庭的文化、传统、生活模式、所处地区环境、社会环境等背景及家长的性格、行为各有不同，所以从根本上说没有两个孩子是相同的，也就不会有一套绝对适用于每一个孩子的教导技巧。另一方面，在一本书中把迄今为止总结出来的有效知识、想法和做法全部介绍给家长，那将会是一部巨著。以今天家长繁忙的生活方式来看，恐怕难以吸引他们去阅读及研究。

这本书提供一些实际和有效的概念和做法（行为模式），家长可以学习到一些马上便能运用的技巧，并能很快见到效果。若有需要，更可以参加我们的亲子系列培训课程。有关的资料，以“李中莹”（Lizhongying）作为关键词，可以随时上网查询到。

第二，家长必须明确：要想改变孩子，首先必须改变自己。一个孩子的思想和行为，是由他成长中出现的种种事情及他所学到的思考模式决定的。故此，伴他成长的家长需要首先明确一点："这个现状制造出来，有我一份。"意思是说，家长的思想、言谈、行为和情绪表现模式，塑造出孩子今天的状态。要想孩子有所不同，家长必须先使自己在思想、言谈、行为和情绪表现方面有所不同。也就是说：要让孩子改变，家长必须先来做一些改变。

自己不准备改变，而只想去改变孩子的家长，这本书帮不了他们，我们不相信有这个可能。

家长开始改变的初期，孩子或许不会马上出现相应的改变，在某些情况下，孩子的不良行为甚至会变本加厉。家长必须明白这是一个考验时期，回复到过去的做法，情况肯定是回复到与以前一样；坚持已经做出的改变，孩子认识到家长的坚定及认真，便会做出正面的回应了。

第三，家长必须放下没必要的愧疚心理，相信从现在开始一切将变好，以至更好。很多家长都有一些自责或者内疚的心态，觉得自己没有完全做好对孩子的教养工作。这种心态的好处是促使这些家长寻求和学习更多的知识，以提高协调亲子关系方面的能力，这样的家长相比那些总是自认为做得很对、一出现问题就责怪环境或孩子不好的家长来说要来得积极。但坏处是让孩子形成一种信念：家长的确对不起我，欠我一些东西。这样的孩子往往会不断索求，每次吵闹时都以此为据而有诸多要求和抱怨，使家长不知所措，难以招架。

所有家长都应该明白：我们对孩子尽心尽力了，都是好家长，只是如同人生中其他的事情一样，我们还有许多办法能将事情处理得更好。

自古以来，人类世世代代生儿育女，担当起父母的角色和责任。我们做父母的知识绝大部分来自我们从自己父母那里得到的经验。

我们没有受过“父母如何做得更好”的教育，但人类还是一代比一代进步。由此可见，没有学过“父母学”的父母还是有成效的。然而，我们从自己父母那里得到的经验不能满足需要，每代孩子都比上一代更聪明。伴随着科技发展，人类社会的进步与文明也不断提升到新的阶段，人们已不再满足于生存与温饱，而是开始关注如何更有效地发挥一个人的能力。因此专家们展开研究：人类在成长过程中，怎样才能尽早使孩子受到正确有效的教育而健康成长。

每代的父母都把自己所知的最好的东西给予孩子，我们对孩子的爱及良好动机超过100分。家长无须责怪自己，尤其是当我们发现可以学习到更好的方法时更无须自怨自艾。家长应该以积极的心态对待自己和孩子，负疚心态只会使孩子误认为家长给他们的确实不足，从而无法建立良好的自信和对别人的信赖，这类孩子因为内心没有安全感而不断索求及抱怨，使得家长疲于奔命。这个现象在单亲家庭中最易见到，严重的会使家长陷入无法自拔的病态心理。

为自己和孩子的心理健康着想，家长必须建立一个清晰的信念：我已经给了孩子我可以做到的最好的了，同时，我会继续寻找能做得更好的方法。孩子心中没有这方面的怀疑，是他健康成长中极为重要的一环。

第四，书中任何一章的内容，家长只认同是不够的。事情不会自动改变，需要家长去把改变“做”出来。针对每一章你认同的内容，订下一个计划，例如在两周内做些什么，把这些内容在家庭生活中体现出来，两周后做检讨、做修订。请尽可能地邀请家中各个成员参加设计和完成计划。

第五，这本书的使用有几点说明：

1．书中尽量使用“家长”而少用“父母”一词，有两个原因：

第一，社会上有越来越多的单亲，甚至非亲家庭出现；第二，相比之下，“父母”较重血缘，而“家长”则显示出家庭关系。这本书主要意图在于帮助提升家庭关系，故选用“家长”二字。当需要强调血缘时，“父母”二字才会出现。

2. 我写这本书的目的是针对一般对亲子关系有重大影响的各个方面，向家长介绍一些未被注意的概念和技巧，同时尽量提供最新的科学研究成果所证实的道理，以满足一些要求新的学问必须有足够学术基础支持的朋友。书中提到的一些深层概念，例如“自我价值”“信念”“价值观”“规条（行为准则）”和一些较为深入的情绪辅导技巧，读者若有兴趣掌握，可以阅读我写的其他著作。

3. 这是一本工具书，每节都意思完整，同时避免了长篇大论。读者可以从头到尾顺次去看，也可以根据自身需要，选择性地先阅读和学习某些内容。

4. 书中介绍的技巧所需要的表格已随书附上，建议家长在日常生活中使用。

5. 在附录中，我介绍了一些心理辅导的学问，它们对于理解并更好地运用亲子关系技巧，也许会有些额外的帮助。

6. 这本书是我们亲子系列培训师训练课程的指定讲义及读物。

三、十一条必须坚持的信念，让你更懂孩子

我写这本书和设计一些亲子课程，将以以下的信念作为理论基础。请大家和我一起坚信：

·孩子一生下来，便爱、信任及听从父母。

·孩子再坏的行为，都不是针对父母的。

·家长对孩子付出的爱是没有任何其他东西可以代替的。

·孩子在不断地努力做好，就算当他弄得最糟的时候也是一样。

·每个孩子都具备使他拥有一个成功快乐的人生所需的全部能力。

·家长只不过是帮助他把这份能力有效地释放出来。

·孩子的智力和能力都很正常，只是他没有在家长在乎的事情上表现出来。

·任何行为都不等于整个人。

·家长是每个孩子成长结果的最大决定因素。

·总有更好的办法，关键在于家长肯不肯去找。

·所有亲子关系的改善，必先来自家长的一些改变。

妙言妙法

今天，家长对孩子的关注不是更多而是更少了！

孩子需要学习处理人际关系、情绪及很多重要的生活能力的技巧。

家长必须明确：要想改变孩子，首先改变自己。

从现在开始一切都将变好，以至更好。

第二章

重识“铁三角”，理解不一样的亲子关系

亲子关系就是父母与孩子的关系。父母把生命传予孩子，孩子运用所接受的生命中的力量、爱和支持，让自己成长、学习、奋斗，建立自己的家庭，也把生命传下去，追求一个成功快乐的人生。

每个人只有一个父亲（生父）和一个母亲（生母），父母与孩子的关系是无从选择的、绝对的，无从抗拒、拒绝、否定、代替或者更换。这是一个“铁三角”的关系，需要跟所有其他的人际关系分开看待和处理：与父母的关系是一种，所有其他的关系都是另外一种。与父母的关系存在于每一个人的身体里和心灵深处，这是一个必须接受的事实。为了某些理由而拒绝接受父母的人，心中有很大的无力感，在大多数情况下与自己孩子的关系也不会理想。

从上，我们可以将孩子与父母的连接总结为以下几个方面：

1. 生命由父母传予孩子，如此代代相传，只有一个方向：向前。

2. 父母传下来的生命里，已经包含了父母，以至每代父母的全

部力量和爱，全无保留，也不能更多，这是每个人经营成功快乐人生的最基本、最核心的资源。

3．如果这个人拒绝接受父母，他将缺乏足够的力量和爱去营造自己的人生。

4．生命既然接受了，无从拒绝；不能接受的只是出生之后父母没有做某些“该做”的事，或者做了一些“不该做”的事。

5．孩子资格感的根本来源是父母。

6．力量与爱不足的人会生活得很辛苦，婚姻事业都不幸福。

7．不接受父母的人也难以建立好的亲子关系。

8．与父母构成的“铁三角”关系，不能否定、不能拒绝、不能代替、不能改变，只能无条件接受。

9．每个人只有一个父亲、一个母亲，就是生父生母。

10．学问修行不能消除不接受父母造成的内心困境。

事实上，家长对孩子有很多责任，这些责任可以用一句话来总结，即帮助孩子培养出能力，让孩子成长后能够有效地照顾自己，包括照顾自己的人生、自己的家庭和自己在社会中的地位。让孩子能够有效地照顾自己，先要帮助孩子培养出一个自我的意识：有了“我”才能对自己负责任，有效地照顾自己。此外，除了帮助孩子增添能力，也必须让孩子知道自己的能力不能操控世界，而只能在并不完美的世界里取得自己的一份成功和快乐。

父母光用语言灌输给孩子这些概念是不会有效果的，父母自己必须先有这样的心态和意识、语言和行为，才能让孩子明白这些重要的道理。

一、亲子之爱，唯一指向分离的爱

亲子关系的目标：帮助孩子思想成熟，使其能更好地照顾自己，同时让他的能力不断提升。

从人类生命系统的角度看亲子关系，我们的生命是经由不断的生命传承而维持的。每代生命传承的过程细分之下包含：成年（心智成熟）→谈恋爱（选中对象）→结婚（成立家庭）→新生命诞生→父母照顾下成长→成年，重复上述过程。所以，亲子关系实际上是归属于上述的“父母照顾孩子成长”这个部分，它的先决条件是家庭，它的后续阶段是孩子发展出足够的照顾本人的能力，是为成长。然后，他也会展开自己的生命传承的过程。

因此，亲子关系的目标很简单，同时也很清楚，就是帮助孩子培养出足够的能力，让他可以充分成功地照顾本人的人生。让本人有成功快乐的人生，其中包含创造一个最佳的家庭环境，让新生命在其中得到良好的照顾及成长。

照顾本人的能力包含：1. 对世界事物的了解；2. 有成熟的思维能力，让他在面对选择时做出好的判断，面对困难时想出解决方法；让他在处理与其他人有关的事务时可以不断地得到这些人的接受、尊重与爱戴。

香港有一位国际级的心理治疗大师李维榕，我一个学生曾参加过她在国内举办的一个治疗工作坊，并看到这样一个个案：一位三十多岁的女儿在爸妈陪伴下参加治疗工作坊，轮到她的时候，李维榕看着她说：“你过来，坐我旁边吧。”这个女儿转身问妈妈：“妈妈，她叫我过去，我要不要过去？”妈妈说：“过去过去，女儿乖，妈妈陪你过去。”然后，这位妈妈就搀扶着女儿走到李维榕旁边坐下。

我的学生跟我从刚才短短的那个小环节就已经发现非常大的问题，三十多岁的女儿在这样的情况下还需要这样问妈妈，她怎么能照顾自己的人生？这位母亲的回答充满了母亲的慈爱，可也正是这份母亲的慈爱，在过去三十多年里使得女儿不能成长，以至不能在很小的事情上照顾自己。所以，爱是可以伤人的。光有爱不够，父母还需要引导孩子培养出能照顾自己的能力。

另外一位学生告诉我，她住在上海，朋友中不乏那些成功富有的父母。有一次，她参加一个太太团的周末下午茶，其中的十来个母亲叽叽喳喳说个不停。因为我这个学生是研究心理学的，所以她一坐下来，很多太太就转向她，向她询问她们正在争论的一件事：张太太的儿子，是否现在就要去美国完成中学的学习。张太太的儿子现年16岁，正准备升高一。他念的是国际学校，成绩很好。所以张太太认为，现在把孩子送到美国念中学，将来他念大学的时候就会更容易成功。

陈太太说：“我觉得孩子还太小，不应该离开父母。”

李太太说：“要是我，我就舍不得让孩子离开身边。”

唐太太说：“让孩子早一点出去磨炼一下也是好的。”

然后所有人都问我这个学生：“你是专家，你怎么看？”

我的学生说：“张太太，你跟儿子谈过这个问题吗？”

张太太说：“谈过，但儿子不愿意。”

我的学生说：“既然儿子不愿意，为什么你还这样考虑？”

张太太说：“他爸爸觉得男孩子不可以这么没有出息，就是因为他不愿意，才需要把他送出去好好磨炼他的意志，现在孩子的力量太不足。”

我的学生说：“那这个孩子平时的生活怎么样？”

张太太说：“他的学习成绩很好，我们用了好几年时间给他安排这所学校，我们给他安排最好的补习条件，学英语，还有其他好几个科目，所以他是很优秀的。我就是不明白他为什么不愿意出国，也许他不愿意离开我吧。”

我的学生说：“听你这样说，好像这个孩子每天的学习负担很重。他有自己的时间吗？有运动、跟朋友在一起玩耍的时间吗？”

张太太说：“每个星期我们给他安排了三次游泳，他游泳很棒，在学校里也得过奖，所以他在运动方面是足够的。其他的就没有了，因为学习太忙。”

我的学生问：“他的起居饮食方面呢？”

张太太在这个问题上表现出一点嫌恶：“这个当然不需要他操心了，我们家里有三个用人。”

我的学生说：“这个就是问题。在美国，即使有同样多的用人提供生活起居服务，很多人仍觉得很困难，更何况你的孩子。我相信，如果他要继续在学校生活的话，他需要很多的能力来照顾自己的生活起居。而他现在的生活有这么多人来操心，他是完全没有这些准备的，他到了那边一定很苦。”

张太太还在申诉：“他迟早都要面对的，早一些不是更好？”

我的学生说：“早一些是更好，可是这个‘早一些’最好是在没有离开父母之前。他在出国之前，已经能够完全照顾自己的生活起居，能够安排出自己的时间做一点自己想做的事，这才是具备了照顾自己的能力。他没有自己照顾自己的能力，到了外国，他不单生活辛苦，在学校里也会让同学、老师看不起，他的压力会很大。这些压力越积越多，最终会影响他的学习，导致他的学习成绩不尽如人意。”最后我的学生说：“一个孩子的成长，必须是照顾自己人生的能力的不断增强，其中既包含学习的能力，也包含生活起居的能力。”

就算是小学的孩子，一方面很享受在家里妈妈或者保姆为自己做的一切，让自己有时间做自己喜欢的事（或者不喜欢的，如学习）；另一方面，他也会跟同学比较那些可以拿出来炫耀的能力，如果他的最少，他心里肯定很不舒服。这个同学能做三件事，那个同学能做五件事，而自己却只能做一件事，这种情形不仅会让孩子心理上不舒服，还可能引发孩子的不自信。孩子的这些能力是需要通过让孩子“干活”才能够培养出来的，所以能力是自信的基础。没有能力又需要表现信心，那就只能通过吹嘘、夸大来实现。他们嘴上虽然说得好，可心里毕竟还是慌的。

二、放松心态，家长不是万能的

在面对孩子时，家长应该用正确的态度看待自己的身份：

（一）家长不是超人，也不是完美的人，家长只是平常人。

家长需要承认自己：

·会胜，也会败。

·有心情好的时候，也有心情不好的时候。

·比一些人聪明，也比一些人蠢。

·在一些事情上能力强，在另一些事情上能力弱。

·不能拥有所有想要的东西。

·不能永远没有错。

（二）家长与孩子有相同和平等的需求，因为家长与孩子都是人。

家长往往注重对孩子的单方面关注，却忽略了自己，其实：

·孩子应该得到别人的尊重，家长也是一样。

·孩子应该得到公平对待，家长也是一样。

·孩子希望别人对他们和蔼、友善，家长也是一样。

·孩子希望做得好的时候有人赞赏，家长也是一样。

·孩子在做得不好时，应该得到谅解和鼓励，家长也是一样。

·当孩子感到悲痛、烦恼、颓丧的时候，希望有人给予支持、安慰，家长也是一样。

（三）家长永远是孩子的家长，永远给孩子爱和支持。

·孩子成功，家长分享喜悦。

·孩子快乐，家长觉得开心。

·孩子不断地学习和进步，家长不断地予以鼓励和嘉许。

·孩子每次倒下再爬起来，家长都要给予支持。

（四）家长用语言和行为来证实上面的道理，因此所说的与所做的必须一致。

有的时候，家长在孩子面前是相当“紧张”的，其实：

·在孩子面前，家长无须永远正确、成功、愉快。

·家长不要害怕对孩子承认错误。

·面对孩子，家长无须隐藏内心的情绪。

·家长也不用担心孩子会因此变得脆弱。

·家长遇事显示出自信、自爱、自尊，孩子看在眼里，便也会这样做。

·家长面对事情表现出坚定并及时做出决定，孩子便也会当机立断。

·家长表现出对事情的结果担负责任，孩子便也会愿意承担责任。

·家长礼让谦和，孩子便也愿意礼让谦和。

·家长用自然、轻松的方式表现出自己就是这样，便已足够走过他们的人生旅途，孩子自然也会以真诚、自信和积极的态度创造他们的人生。

三、严守十个基本要诀，帮你抵御 80% 的错误

首先我们来了解一下这十个基本要诀的具体内容：

（一）没有两个人是一样的。

（二）一个人不能控制另一个人。

（三）沟通的意义取决于对方的回应。

（四）孩子的学习来自家长的行为和情绪，而不是家长的指令。

（五）所有行为必有其正面动机。

（六）有更好的方法，每个人定会追随。

（七）凡事总有至少三个解决方法。

（八）成长过程是一个学习过程。

（九）应该帮助孩子成长而不是替代孩子成长。

（十）“爱”不可以作为筹码。

接下来，我们再来具体了解一下这十个基本要诀各自所包含的内容。

（一）没有两个人是一样的。

·没有两个人对同一件事的看法绝对一致，所以孩子的看法与你的或者其他人的不同，没有什么奇怪。

·每个人之间的不同，造就了这个世界的奇妙可贵。孩子一定会有一些地方比你好，而你有的优点、长处，孩子不会全部拥有。

·每个人的信念、价值观及行为准则都有不同，所以你不能要求孩子的性格完全与你一样。

·每个人都是他本人多年建立起来的信念、价值观及行为准则的产物。

·你走过的岁月与孩子将要走的不会相同，对你正确的东西不一定对他也正确。

·尊重别人的不同之处，别人才会尊重你独特的地方。你能接受孩子的不同之处，他才会接受你对他的看法。

·发生在一个人身上的事情，不能假定它发生在另一个人身上也会有一样的结果。所以你的经验是孩子的参考资料，但并不一定保证在他的人生里也是正确或可行的法则。

（二）一个人不能控制另一个人。

·一个人不能推动另外一个人。每个家长或孩子都只可以自己推动自己。

·一个人不能“教导”另外一个人。所以，没有“教”，只有“学”。因此，“教”孩子不重要，使孩子“学”到才重要。

·要求别人放弃他的一套信念、价值观和行为准则，而去接受另外一套，这是很困难的事。孩子也有他自己的一套，家长明白孩子的一套，从他的角度去看问题，最有机会使他接受你的观点。

·好的动机只是让一个人去做某一件事的推动力，但是不能给他控制别人或使事情恰如他所愿发生的权力。家长认为，为孩子好便一定要他跟随家长的意愿去做，结果往往适得其反。

（三）沟通的意义取决于对方的回应。

·自己说什么不重要，对方听到什么才是重要的。老是强调自己说得怎样正确没有用，孩子收到的信息对他来说是什么意思才重要。

·话有很多种方法说出来，使听者完全领会讲者意图便是最好的方法。

·用孩子听得明白、能够接受的语言、语气、说话模式对他说话，会产生较好的效果。

·没有两个人对同样的信息有同样的反应。一个孩子对你说的话的反应，不代表另一个孩子也一定会有同样的反应。

·说话有没有效果由讲者控制，由听者决定。孩子的反应将表明你说的话有没有效果，而你可以通过改变说话的内容和方式去控制效果。

·改变说的方法，才有机会改变听的效果。没有效果的说法，越说孩子越不会接受，效果越差。

（四）孩子的学习来自家长的行为和情绪，而不是家长的指令。

·家长处理一件事的行为模式，孩子看到了，下次也会跟着做。

·孩子看到家长面对一个情况时产生的情绪反应，便会认定那是正确的，并且在自己面对同样情况时会做出同样的情绪反应。

·语言或文字本身不能在孩子身体和脑子里产生具有学习效果的行为模式或情绪反应，所以教条式的训导效果不好。

·家长的指令，若用孩子不懂的语言模式发出，会使孩子难以跟随。不要只为自己想说什么而说，先想一想这样说孩子会不会不明白，修正了再开口。

（五）所有行为必有其正面动机。

·每个人都为满足自己内心的一些需求而做事。孩子的所有行为都有其意识不到的意义，也就是说是有意义的，但他不懂得也没有能力说出来，因为这些意义是深层的心理活动。

·每个人的行为，都是当时环境里最符合自己利益的做法。孩子的潜意识有很多程序，要确保在每一种情况下给他选择最多最好的做法，虽然潜意识有时会欠缺周详。

·家长需要把孩子的行为与动机分开。我们可以不接受一个人的行为，但不能不接受其背后的动机，否则会使孩子跟家长对着干，让家长的引导变得无效。孩子行为的本质有错或者效果不好，我们应该加以否定，但孩子总是不断地企图提升自己的知识和能力，我们必须肯定他这样做的动机。

·接受一个人行事的动机，便能接受这个人，因而可以引导他改变行为。找出孩子行为背后的正面动机，加以肯定，再引导孩子去另找更有效的做法，这是最易使孩子接受你的途径。

·情绪和动机都没有错，只是所选用的做法未能达到理想的效果。情绪给孩子力量或方向，动机维持孩子想提升的心，帮助孩子找出有效的做法是家长的责任。

（六）有更好的方法，每个人定会追随。

·每个人都会选择能给自己最佳利益的行为，孩子也一样，只是他不知道怎么去解释。

·人拒绝改变是因为未曾找到更好的方法。孩子必须自己明白那是更有效果的方法，他才会接受并因此改变。

·让一个人认识到另一个方法能使他得到更多，而付出的代价更少，这个人自然会采用那个方法。孩子同每个人一样，不断地在这点上努力。

·更好的方法是提供帮助，即给对方更多的选择，指定必须用某个方法则是企图操纵对方。所有人都欢迎帮助，抗拒操纵。你的孩子欢迎你的帮助，但会抗拒你的操纵。

（七）凡事总有至少三个解决方法。

·至今不成功，只是说至今用过的方法尚未收到预期的效果。对孩子必须坚持效果，而不是坚持方法。

·没有办法，只能说已知的办法行不通。每天都有新事物出现，对孩子的方法也可以不同。

·世界上尚有很多我们过去没有想过，或者尚未认识到的方法。教导孩子是数年以至数十年的事，这么长的时间里，总会有新的方法想出来，就怕你停步不肯去想。

·只有相信尚有未知的有效方法，才会有机会找到它并使事情改变。相信没有办法对你没有好处，只会使你停留在无力无助的境况；相信有办法可以使事情有转变的可能，你才会愿意开始真的去想想。

·无论什么事情，我们总有至少三个选择的权利。只有一个或者两个选择的情况便会陷入困境；有第三个选择想出来，便会有第四个、第五个及更好的选择出现。

（八）成长过程是一个学习过程。

·孩子所做的或遭遇的每件事，都对他的将来有所影响。

·孩子尝试各种不同的做法，是想找出其中最好的一个。

·孩子要不断尝试新的方法，才能知道哪一个是最好的，并且有所突破。

·孩子对生活中的各种事物充满好奇，正是为了学习如何掌握更多、做得更好。

·孩子从发生的事情中学习，把焦点放在帮助他提升的东西上，他便懂得处理将来遇到的同样的事情；把焦点放在“失败”和被否定、责骂上，他以后便不愿意面对或尝试，因而就不能有效成长。

（九）应该帮助孩子成长而不是替代孩子成长。

·代孩子做孩子该做的事便是企图替代孩子成长。

·任何替代孩子成长的企图，最终都会在孩子的身上产生负面效应。孩子学不到，会依赖和缺乏自信。

·孩子在成长过程中学不到该学的东西，长大后要付出很大的痛苦代价。

·家长代孩子做孩子该做的事，不会得到孩子的尊敬。爱依赖的孩子只会抱怨及挑剔父母。

·鼓励和引导孩子做照顾他自己的事，是帮助孩子成长的最有效的方法。这样，孩子才能够成长为一个有能力和可以照顾自己的人。

·孩子的自发性，积极的态度，自律、自信和自尊，都与这点有关，因为这些都需要从“自己做自己的事”中培养出来。

（十）“爱”不可以作为筹码。

·家长对孩子的爱超越一切事物，应该是孩子在世界上永不会失去的东西。因此，家长不应随便地用它作为要挟或交换的筹码。

·这份爱是孩子成长过程中最大的信心及活力的源泉。因此，孩子必须对这份爱没有任何怀疑。

·这份爱若在家长的语言中表现出带有条件的话，孩子会对亲子关系的崇高程度有所怀疑，因为这份爱是亲子关系的基础和支柱。

·这份爱若因为孩子做的某些事而失去的话，孩子渐渐会变得不在乎它，也就是不在乎这份亲子关系。因此，不要在事情的讨论中把它拿出来做条件。

·家长若对孩子开出条件，把这份爱作为筹码，孩子他日也会把对家长的爱作为筹码。今天的社会中，很多亲子关系完全破碎便是这个原因，更坏的是，这个模式会传给下一代。

我曾设计过一个“NLP 卓越青少年”的活动课程，它是专门针对 8 岁到 14 岁孩子的，目的是培养他们的自信、社交与协作能力。有一次，在开始的仪式里，我们要求每个同学轮流出来说几句话，其实也就是站出来介绍下自己。其中，一个 9 岁的孩子到最后都不敢站出来。我在旁边看到他从仪式开始就表现得非常纠结，两个手的手指不停地动，所有同学都说完了，他还是没做好准备，不能主动去说。终于一个助教走到他旁边，用一只手按住他的后背，引导他一句一句说了出来。他说完那几句话后，我看到他整个后背都被汗湿透了。

后来我跟他谈才知道，他是在一个严厉的家庭中成长起来的，从小到大父母都是严厉的时间多，温柔的时间少。对他，父母经常用“你必须”“你应该”这样的语气说话，而且他们强烈要求孩子听话，不可以顶嘴。他也曾几次想说一些话，最后的结果，不是被父母批评否定，就是被骂了一顿。所以，从小他就学会了只是垂着头，听从父母的指令，什么话都不讲。他入学两年，他的班主任就对他的家长说，你的孩子有很严重的社交问题，不能跟其他同学正常相处。这时，他妈妈就着急了，就把这个孩子送到这个班里来，希望有所改善。

参加这个班的孩子，很多都有类似的情况。这些孩子在父母某一种亲子模式下生活了很多年，最后出现一些不够理想的情况，于是家长就把他们送来参加某个学习班，希望过上两天，孩子的这些问题就可以得到解决。试问，用3000天造成的不良情况，却希望孩子在3天里消除，同时还要学到有效的方法，不仅让他有不同的表现，还要有良好的发展，这个要求是否太高了？

我设计的这个课程有这个可能，可是要具备一个必需的条件，就是家长要配合。

假如家长不准备改变，孩子的问题会重复出现，以致成为他一生的问题。我也想起了这个班里的另外一个9岁的孩子，他上课的时候从不举手，游戏、比赛、抢答等他都不愿意举手。后来问他原因，他说：“从小到大，我说什么爸妈都否定我，他们都说我什么都做不好。”

亲子关系是每个人人生里第一份关系，它跟人生里所有的其他人际关系都不能同一而论。孩子的成长过程，其实就是父母将一张白纸般的完全空白的心理塑造成一种能力的过程，从而让孩子能够适应这个社会，同时获得成长。所以，在每个人出生后的几年里，他收到的信息，也就是他的心智、大脑会逐渐帮他塑造出这个世界是怎么一回事的最根本概念。

在孩子身边的人里面，最为关键的就是父亲与母亲。在孩子的心灵里，父母是绝对爱自己、会保护自己的人；是可以绝对信任、绝对爱的人；也是完美的、不会错的人。因此，当孩子听到这两个绝对爱自己而且不会错的人说自己没用、说自己不好的时候，这些评价就好像烙印一样，在他的心灵里牢牢地印上，伴随他一生。在成长的路上，很多人就是因为这些烙印，妨碍了整个人生的发展。这些烙印当然是可以消除的，可是由于两条原因：其一是没有觉察；其二是带着对父母的爱而抗拒，使得消除烙印的工作往往变得非常不容易，变得非常痛苦。

四、给孩子打造一个温暖有爱的家

家长都希望看到孩子健康快乐地成长，希望孩子乐观、有信心、有能力，在做事时，在与各种各样的人相处时，都能成功，能够达到自己定出的目标，对社会有贡献，并且有美满的家庭生活。父母要想达到这点希望，请为孩子营造出这样的家庭环境：

·互相尊重。每个成员都有自己的地位和生活空间，并且受到尊重。尊重孩子，就像你会尊重任何人一样。

·心态积极。每个成员都有正面、积极的心态，充满信心及活力。帮助孩子发展出这样的心态，是家长的责任，也是家长面临的真正挑战。

·崇尚互爱。每个成员都把信任、支持和爱视为家庭里的最高价值，超越其他一切事物。因此在家中，家长的行为和处世态度处处表现出在乎这些价值，孩子在家长的引导中也会重视这些价值。

·各担己任。每个成员都诚实，对自己的行为负责。家长从自己做起，并且处处鼓励孩子这样做。

·容许差异。每个成员之间容许有不同的看法和做法。敢于尝试，敢于认错。不要坚持别人与自己要有同样的看法。接受别人的错误，以身作则。

·共同助人。每个成员乐于助人、富于爱心。家长与孩子一同去做助人的事。

·鼓励思考。每个成员之间互相鼓励学习，鼓励独立思考。对别人不同的或新颖的想法，先听取，然后找出其中正面的意义做出肯定，而不是一开口就否定它。鼓励孩子多思考不同的可能性。

·识己认人。家庭成员认识到每个人的价值，包括自己的价值，肯定每个人的能力和对别人的贡献。

·喜乐共享。无论是乐趣或悲愁，每个成员都乐于与家人分享。不要只说欢乐的事，也讨论不愉快、伤心的事。关怀孩子的感受，与孩子共苦乐。

·参与是金。成员们在一起做事，应该注重过程和意义更甚于结果。注重过程就是在乎对方的参与，肯定一起做的意义，无论结果怎样，都不及这点重要。

在这样的家庭环境中，无须追求物质的高档，因为与家人在一起便已经是最大的享受。这样的家庭环境能给孩子提供最好的学习动力，孩子会在其中树立起完善的信念和价值观系统，内心将充满自信、自爱和自尊。

五、信念系统是行为原动力

我们对人与事物的反应、做或不做某些事、内心的推动力等原动力，都来自我们内心的一套信念、价值观和规条系统，简称为“信念系统”。了解自己的信念系统，并且掌握提升它的技巧，人生便会更有意义、更有所得、更开心了。

信念系统（Belief System）其实可以分为信念（Beliefs）、价值（Values）和规条（Rules）。为了方便，我们总称它们为BVR。价值和规条同属信念，只不过是具有一些特别性质的信念而已。

信念是事情应该是怎样的，是我们所确认的世界维持下去的法则（注意，信念是一个人脑子里所认知的世界，即主观的法则），是解释和支持行动变化或没有行动变化的理由，是这个世界种种关系的逻辑。对很多人来说，信念也就等于真理——事情本来就应该是这样的。所以，信念是绝对的。

价值是事情的意义和给人带来的好处：其中什么重要？可以给我些什么？可以为我做些什么或者凭此我可以得到些什么？价值是做与不做任何事的原因。所以，推动一个人的方法必然是在他的价值上下功夫。

规条是事情的安排方式，也就是做法或行为准则。规条的存在，完全是为了取得事情中的价值和实现有关的一些信念。规条会涉及人、事、物的组织安排和活动，故此，有清晰的动词在其中。

以下举一些例子来证明上述概念：

例一：“人与人之间应该互相尊重，这样我们才会被群体接受，并感到安全。所以，我们每天早上见面时都互道早安。”

·信念：“人与人之间应该互相尊重”。信念中常有“应该”“必须”等词语，以显出其绝对性，但是动词是不明显的。

·价值：“被接受”，“感到安全”。

·规条：“互道早安”这个行为，目的是使人们取得“被接受”和“感到安全”的价值，并且可以实现“人与人之间互相尊重”的信念。注意，所用的动词十分清晰。

例二：“我不会成功的，参加了只会令我辛苦而又得不到收入，我昨天已经推却了邀请。”

·信念:“我不会成功”。涉及个人的信念中多有“一定”“不会”“必然”等词语,以显示其绝对性。动词是不明确的。

·价值:“令我辛苦”,“得不到收入”。

·规条:“推却了邀请”这个行为,保证了不会得到那些负面价值,并且实现了“我不会成功”的信念。所用的动词是清晰明确的。

例三:“每个有上进心的人都应该不断地汲取学问,因为学问懂得多,别人才会尊敬他,找工作更容易,升职也会快一点。你应该多看点书,多参加课程进修。”

·信念:“有上进心的人都应该不断地汲取学问”。注意“应该”二字的出现,所用的动词是虚泛的。

·价值:“别人的尊敬”,“容易找工作”,“快点升职”。

·规条:“多看书,多参加课程进修”。这样做是为了取得上述价值和实现上述信念。

上面的例一,“互道早安”是为了实现“人与人之间互相尊重”的信念。“互相尊重”不一定用“互道早安”才能实现。事实上,“互道早安”在欠缺某些条件的情形下,甚至不能够保证实现“人与人之间互相尊重”这个信念。例三也是一样,“多看书,多参加课程进修”,是为了实现“每个有上进心的人都应该不断地汲取学问”的信念。这个信念也不一定只凭看书和参加课程进修才能实现。况且,若不注意看的是什么书、参加的是什么课程，多做这些事情，不一定就会增加学问。

六、自信、自爱、自尊决定一生成就

在一个人的人生中，他是一个怎样的人，也就是他的“身份”，决定了他的信念系统，也就决定了他能掌握一些什么样的能力、有怎样的行为和怎样支配他的环境中的一切事物。

然而，“身份”从何而来？怎样建立出来？“身份”本身能否被分析从而使我们能掌握其提升之道呢？孩子和成人，又能怎样把“身份”简单地进行改善呢？

身份在个人方面是最高的层次，就像一颗钻石。自我价值就是这个人最高、最重要的本质，就像这颗钻石的本体特质。钻石的多个面，向不同的方向反射出钻石本体特质的光芒，就如一个人生活中的多个角色，都是这个人自我价值的反射面。

自我价值是一个人“身份”的具体素质，决定了一个人所有的信念、价值和规条，因此包括它们的全部。在生活中的每一个角色里，符合该角色的信念、价值和规条会呈现出来。因此，在不同角色中的一个人或许会有不同的思想和行为模式，但是，总离不开这个人的自我价值范围。自我价值决定一个人的一生成就，它也是今天社会里种种个人问题的基本根源！

一个人已经拥有使自己人生成功和快乐所需的所有能力，如果一个人感到未能在每天、每一件事中体验这份成功和快乐，除了检讨是否没有在事情中做到“三赢”（我好、你好、世界好）之外，还可以凭检讨和提升自我价值而有所改善。

自我价值在潜意识的深层之中，不容易用文字描述和理解，用比喻和例证较为容易。当一个人意识到并认同自我价值怎样不足，他便已经开始了提升之路，因为潜意识已因此而存有比较、反省的能力。

一个人的自我价值是在成长过程中建立起来的。在孩童阶段，身边的成人如何引导他去理解每一件事和如何做出反应的行为，决定这个人能否培养出足够的自我价值。

简单地说，自我价值就是自信、自爱、自尊。

自信就是信赖自己具备所需的能力。一个人对自己没有信心，就不能对别人有信心，别人对他也不会有信心。

自爱就是爱护自己。一个人不爱自己，就不能爱别人，别人也不会爱他。

自尊就是尊重自己。一个人不尊重自己，就不能尊重别人，别人也不会尊重他。

以下的比喻可以简单地解释一个人的自我价值与他种种行为的关系。

一个心理健康的人会有 100 分的自我价值，内心的占 80 分，外表的占 20 分。因此，即使自信十足的人，仍会想穿得好看一点，希望有人赞美他。

一个在成长过程中未能建立起充分的自我价值的人，例如内心只有 30 分，他可能会有两种心态：第一种是认为不能让别人知道他内心只有 30 分，故此不惜一切地维持“我有 80 分”的假象，例如不肯认错（分数太少，不能再减）、事事争强、注重面子（表现出高分数）、坚持己见、不顾他人等；第二种是知道自己不如人，处处退缩，怕承担责任，但又到处批评别人，希望凭此使他人减分，以至与自己同等。自我价值不足的青少年会用种种方法寻找增加外表的分数，例如爱买名牌产品、崇拜歌星明星、标新立异、与素爱暴力滋事的人为伍和有种种出格行为等。这些征象，往往持续到成年。

一个母亲把亲生的 4 岁女儿从 23 层楼上抛下，她对女儿的生命如此轻视，是因为她对自己的生命同样轻视。而这是因为她在成长过程中没有建立起足够的自我价值。

反之，一个有足够自信、自爱和自尊的少年，会拒绝不良分子引诱他尝试吸毒。他会说："我有如此强大的能力，能够做这么多的事，有这么多的方法去找到乐趣、满足，我不需要这些。何况我要保全自己的力量，争取别人对我的信任、爱护和尊重，因此这些事不值得我去做。"

认为自己的价值不足，潜意识就会不断地寻找侥幸、以少博多、不劳而获或者占便宜的机会。贪念、冒险、小气、妒忌、自私、见利忘义都是价值不足的表现。到处说人坏话、爱讨论花边新闻、爱捉弄别人、只说不做等，也都是价值不足的表现。

自我价值的确认，就是自信、自爱和自尊，而这三者是依循这个次序的：先建立起自信，才能建立自爱；有了自爱，才能建立自尊。

自信是信赖自己的能力。能力带给一个人正面的价值，任何能带给自己很多价值的东西，我们都会爱护它。有了对它爱护的心，才会尊重它的存在。

七、“你说呢”——亲子最佳引导语

很多家长为了节省时间，或者为了在孩子面前表示自己懂得很多，往往喜欢就孩子提出的问题马上而直接地给出答案（或者是家长认为最好的做法）。其实，这种引导方式会对孩子产生一些很负面的效果：

·培养出“有问题便开口问”的心态，对自己动手提不起劲，变得懒惰。

·导致实际操作的经验少，难以积累经验，所以缺乏自信。

·培养出“凡事都有最好的方法”的单线思考模式。单线思考让孩子只能坚持一种做法，当该做法没有效果时，孩子不是停下来不做（培养出没有动力的状态），就是总是重复没有效果的方法（顽皮、老是闯祸、屡教不改、冥顽不灵）。

有些家长则把事情交给孩子，要孩子自己想办法，而不理会孩子是否有足够的能力做出理想的效果。有些时候，这种完全放手的方式能够培养出孩子的能力，但那是附带有“我不能依靠别人”的限制性思维的能力，可能培养出不愿与人合作、不合群的工作态度；而更多时候，这种方式可能让孩子形成退缩、避免面对困难的心态。

愿意去做和有能力做好是两回事。孩子的自信总是不足，需要家长的支持和鼓励，在培养出孩子能力的同时，还能提升亲子关系，这才是最好的方法。所以，最正确的引导方式不是告诉孩子该怎样做，也不是撒手不管，而是跟孩子谈，引导孩子想出办法，鼓励孩子尝试，失败了支持孩子检讨了再做，成功了给予孩子肯定，分享孩子的喜悦。这样，孩子才能发展出最好的自信。

所以，每当孩子带着问题来问家长该怎么办时，家长最能够帮助孩子的回答是“你说呢”三个字。所以，聪明的家长不会解决孩子的问题，而只会引导孩子自己去解决问题。

家长应该提供安全、安心的环境给孩子，让孩子依靠他本有的力量，经过思考、尝试、修正，最终获得成功并得到肯定，从而将其转化为能力，进而培养出自信。

八、爱的三种表达方式

人与人之间的各种爱都是指向“与被爱的人在一起”这个方向。因为爱本身就好像海里的鱼与水的关系，地球上的人与空气的关系，是维持我们的心联结在一起的黏合剂。

父母与孩子之间的爱称为“原爱”，它包括父母对孩子的爱和孩子对父母的爱，是生命传承中特有的爱。“原爱”是每个人人生里的第一份关系，因为生命就是来自父母。所以，孩子与父母之间的爱是高于一切的，是最紧密的。父母对孩子的爱，就等于他们把生命传给孩子的时候，把所有能传给孩子的都毫无保留地全部传给了孩子，这点是生命系统本身就安排好的，目的是让每一代，每个新一代都有最好的机会把“系统有效延续”这份工作做到最好，从而让下一代比上一代更有资格活下去，让下一代更有力量把生命传下去。所以，父母对孩子的爱，是尽可能帮助孩子有最好的成长。

原爱有三种表达方式：自私的爱，愚蠢的爱，智慧的爱。

父母对孩子的爱是为了准备：当有一天父母比孩子先离开世界，孩子有最大的机会去过最有意义的人生，也因为这一点，任何希望孩子满足父母的意愿而减少孩子发展的机会的安排都是父母对孩子的一种自私的爱。

愚蠢的爱是孩子为了满足父母自私的爱而牺牲自己人生发展的机会，因为这会影响到系统发展的最大可能性。

父母与孩子之间的爱，是可以用智慧的爱的方式来做到最好。就是父母给予孩子最好的照顾，让孩子在充满力量与爱的环境中成长，培养出充分的照顾自己人生、获得成功快乐的能力，让孩子有最大的空间自由发展。这样，孩子往往可以做出远远超越父母期望的成就。用这个方式来表达父母对孩子的爱就是智慧的爱。

亲子关系中，要多一些智慧的爱，少一些自私的爱和愚蠢的爱。

九、别让孩子成为愚孝之人

最大的孝顺是为系统做一些贡献，包含对社会、民族、国家、世界有重大意义的贡献。当这份贡献是如此巨大，得到很多人的感激与尊敬的时候，父母便因此而得到荣誉。

孩子的优秀是因为他有优秀的父母，因此，父母会以孩子为荣，会因孩子感到骄傲。孩子做到这样才是真正的孝道。我们传统里面的光宗耀祖指的也就是这一点，这才是孝道的真谛，并非满足了父母自私的爱而牺牲自己的发展机会才是孝顺。

生命的传承不能脱离每个人接受生命的第一目的：促进生命系统的有效延续，包括为生命系统的发展与壮大做出贡献。

附：孩子成长的体会

文 / 陈敏霞

陈敏霞女士，第一个取得李中莹老师的亲子系列之孩子工作坊培训师资格，并且多次主持这个工作坊。本文是她在广东社会学学会潜能开发研究专业委员会2000年大会上发表的文章。

她用平实的文字，刻画出今天国内家长和孩子面对的问题，值得一读。

从1999年到2000年，我分别在香港的黄埔怡园小学、荔湾区华侨小学、海珠区教育局的团体示范教学、晓港西小学，以及多次的公开课中举办了亲子课程之8岁至12岁的“孩子工作坊”。以上课程，令我对现在的孩子及家长有了更深的了解，在此总结了一些心得和大家分享。我将从三个方面来谈：家长的成长、孩子的成长、自我成长。

一、家长的成长

今天的家长面对社会的竞争和挑战，将时间和精力都放在工作上，忽略了与孩子的沟通，有的家长对我说：“吃饭都成问题，哪有时间教他，交给学校就得了。”

在社会的瞬息万变中，家长发觉用以前的方法处理不了孩子身上出现的问题。

有的家长很无奈地对我说：“我是用以前父母教我的方法来教孩子的，发现没有效果，但又不知哪里有教人怎样做父母的。”

家长因面对现代社会的不断变化、越来越大的挑战，产生了很大的压力，有时便不自觉地将这些压力放在孩子身上，令孩子辛苦，从而影响了家长和孩子的关系。有家长对我说出内心的担忧：“不学好功课，将来怎么谋生？怎么谋份好的工作？”

作为家长，一方面要工作，另一方面又要教孩子，的确辛苦，难免会有心情不好的时候，情绪来的时候就在孩子身上发泄。在我的课程当中，有一节是教情绪处理的，当我问孩子他们什么时候不开心时，其中不少孩子会答：“当父母发脾气的时候，我就会很受惊，很不开心。”

我们明白家长的苦衷和难处，但是，是不是这样就可以推卸责任呢？要知道，孩子将来的成就同父母是息息相关的。其实，孩子的成长，直接或间接地帮助家长再成长。在一次亲子课程结束时，有一位家长语重心长地对我说：“陈小姐，我今天本来只是陪孩子来上课。在课程当中，我有些感受，发觉要来上课的不是孩子，而是家长。”我听了以后很开心，因为家长领悟到了自己成长的重要。

二、孩子的成长

对孩子的成长来说，除了学习文化知识之外，素质教育也是很重要的。我个人认为这包括以下几个方面：与人沟通的能力、团体合作的能力、创造性学习和思考的能力、认识和处理自己情绪的能力、完善人格（自我价值）的建立，等等。

1. 与人沟通的能力：在课程当中，孩子需要在陌生的环境中介绍自己。每一个孩子的表现都不同，有的讲话声音不稳，有的忘了自己叫什么名字，有的全身颤抖。

大胆举手介绍自己的只占少数。这个过程结束后，他们都有这样的感觉：开始时很紧张、很惊慌，介绍完了就很舒服、很开心，好像提升了一样。到第二次的时候，他们的惊慌和紧张就已经得到很大缓解，能感受到更多的开心和自然。记得在晓港西小学的课程中，有一位女同学第一次介绍自己时，全身颤抖，不断地向后退，不断地摇头，想退出课程。我过去用手抱住她的肩膀，感到她全身都在打战。经过几分钟不断地给她鼓励和引导，她终于可以大胆地介绍自己。跟着在第二次、第三次的课程里，她已经可以轻松地面对全体学员了。晓港西小学的张老师对我讲："看到这位同学每堂课的行为改变和脸上的笑容，感受到她在不断地突破。"由此可见，沟通能力的培养对孩子的成长是极其重要的。

2. 团体合作的能力：现在独生子女很多，成长的环境使他们缺乏同他人合作的能力。我们的课程设计了一些游戏帮助他们掌握与人合作的能力。通过这个过程可以看到，有的孩子因为在游戏中输了，就互相指责和埋怨，这样反而令团队输得更厉害；有的孩子只顾自己，不理会其他队员是否配合，这样也会导致整个团队失败。一次公开课程中，其中一队输了，队中五个同学一起指责一个同学，都埋怨他不合作，一致认为输的原因是那个同学，要求把那个同学换掉。我告诉那五个同学，那个同学是他们中的一员，不可以换。我说："如果你们不断地指责，只会再输。要是想赢，该怎么做？"后来，这五个同学明白了，他们伸出手道歉，那个同学立刻投入讨论。

最后，这队赢了。在这个过程当中，孩子体会到要想让整个团队赢，必须要有一个简单的策略，而且每个队员都要明白这个策略。孩子也学会了团队要有一个领袖负责指挥，使大家能分工合作。他需要照顾到弱小的队员，因为弱小的队员会使整个团队输，而帮助弱小队员提升，才是使全队胜利的最快方法。孩子在成长过程中，掌握团队合作的能力，是需要引导和启发的。这份能力，在他将来踏入社会后，便会对他的成败有很大的影响。

3．创造性学习和思考的能力：在我接触的家长中，他们都有共同的烦恼，就是孩子做功课和背书花费的时间很多，而且看到孩子很辛苦。在课程中孩子学习了图记法、形象记忆法、十个开心读书做功课的方法等。有一位教育局的老师告诉我，她的儿子平时要用3个小时背唐诗，现在用图记法只用20分钟。还有一位家长告诉我，她的女儿在学小提琴的时候，运用学过的方法学琴，明显比以前轻松了。家长教孩子学习创造性思考，帮助他们掌握学习的方法，比不断地叫他们背、读、写更重要。我们需要记住：学习将伴随孩子的成长，提升他们的学习能力对他们一生都有帮助。

4．认识和处理自己情绪的能力：以往孩子不开心的时候，往往通过扔东西、骂人、打人来发泄。在课程当中，我引导孩子用一些对自己、对别人都尊重的方法去处理自己的情绪。上完这个课程不久，有位家长打来电话告诉我："陈小姐，很奇怪，以前我的女儿见我发脾气，就很害怕，跑回房间关上门，不敢出来。学完你的课程后，有一天，我的心情不好，向她发脾气，她没有跑回房间，反而看着我，小声地对我说：'妈妈，你是不是不开心？'听到她这样说，我心里的气已经减了一半。"还有一位家长对我说："我的儿子有一天看到他的阿姨在发脾气，就教阿姨用深呼吸的方法放松，令她的情绪平静。阿姨被他的话逗开心了。"正面地面对和处理情绪的能力，是孩子成长过程中需要学会的，这对他会有极为长远的影响和意义。

5．完善人格（自我价值）的建立：就是帮助孩子建立自信、自爱、自尊。在这个环节上，要引导孩子建立自信，也就是对自己能力的肯定；再进一步，要引导孩子明白：什么是自爱的行为，什么是自尊的行为。在一次公开课上，有两个同学打架，通过我的引导，两人知道打架是不自爱、不自尊的表现，同时懂得了可以用其他方法处理事情。最后这件事以两人和好、互相向对方道歉收场。完善的人格，可以通过孩子成长过程里所发生的每一件事情来学习和掌握。

三、自我成长

作为亲子培训师的我，在这个过程当中也不断地成长。过去，我在企业做培训师，偏重在产品、销售、技能方面培训。面对顾客和经销商，在沟通、协调时常出现争执，人际关系紧张，处理方法太简单，导致工作有压力，情绪常有波动，从而影响自己对这个社会的看法，甚至对自己的将来产生困惑。现在，经过这段时间的学习，很多以前的疑惑解开了。有位心理学家说："人的成长就像洋葱一样，每层代表了那段年龄的成长（要学的东西）。如果那一层在当时没有成长（没有学到应学的东西），他长大以后要用双倍甚至更多的时间来完成那一层的学习。"一个完整的人，就像一个完整的洋葱一样，每层都是完整和健康的。我现在的工作，正在帮助我自己完成我在过去的成长中未完成的那些部分，从而使自己成为一个更完整和健康的人。

亲子培训师的工作使我不断地完善自己，同时也为有需要的家长和小朋友提供了一些有效的方法。孩子的成长除了学校和家长的大力支持和配合外，更需要社会的支持。我相信，在不久的将来，通过学校、家长、社会三方面的共同努力，会创造出一个良好的环境，使孩子能够更健康地成长。

父母与孩子的关系是个“铁三角”。

家长不是超人。

家长永远给孩子爱与支持，但“爱”不可以作为筹码。

凡事总有至少三个解决方法。

成长是一个学习过程。

聪明的家长不会解决孩子的问题，而只会引导孩子自己去解决问题。

PART 2

培养优秀孩子的技巧

什么样的孩子才是好孩子？也许每个家长心里都有自己的评价标准和培养方式，但是这些标准和方式真的符合孩子的特点和需求吗？家长可以参看这一章的内容，自我评判一下。

第三章

不与时间赛跑——因材、因时施教的技巧

一个人从出生后，经历了婴儿、孩童、少年、青年以至充分成长的各个阶段，这完全是一个学习的过程；就算已经长大成人，仍需每天学习。可以说，整个人生就是一个学习的过程。家长须谨记：无论孩子做什么顽皮或者不合常理的事，他都是在学习而已，过程中让家长动气、失望、烦恼，以至于焦虑、绝望，都不是孩子的本意。

每个人的大脑操控身体做出所有事情：思考、说话、行为、习惯等，每个人都是同一个模式；大脑更在操控着一个人与其他人、事、物相处、相配合的所有可能性。

出生的时候这些完全欠缺，成年后则拥有足够的这些能力（至少家长希望这样），这个过程绝对不是偶然碰巧因机缘而培养出来的，遗传基因早已编好了有关的“软件程序”，并非孩子自由选择产生的。其实很多这样的“天然”活动都对孩子有很多很大很重要的意义，现代人往往自以为比老天更聪明而“人工”地替代了，这往往产生了坏的效果。我试举几个例子：

1．过早让孩子站立行走。

一个婴儿从爬行到站立行走经过两个阶段：

第一个阶段是右手右腿、左手左腿的姿势，这个姿势让婴儿掌握用手脚推动自己前移的能力。这个阶段的姿势不能让婴儿保持眼睛前望，因而不能专注事物（你可以在地上如此爬行体验一下）。这个阶段的主要学习意义在于训练出运用手脚移动身体的能力。

第二个阶段是右手左腿、左手右腿的姿势，这个姿势让婴儿能够专注于吸引他的事物，并且能爬行过去接触这事物。这个姿势还有更重要的意义：发展出理解事物意义的脑神经网络！

人的大脑分左右两个半球，中间有约 1 亿个神经元（脑神经细胞）连接着。每次的左手爬行动作，都激活了右脑半球，同时右腿爬行动作激活了左脑半球，因此连接左右脑的 1 亿个神经元便有了活动。脑的能力因多用而增长，这阶段的爬行让左右脑的连接功能发展得更好。大家都知道，左脑辨认文字、事物，右脑掌管意义、感觉，左右脑连接功能的增强，对孩子有怎样的重要意义不言自明。

婴儿时期爬行阶段没有完成就被“人工”地帮助站立走路的孩子，再过数年上学学习时会出现学习困难的情况，例如需要花很长时间才能学会生字、容易忘记生字和看过的课文、对文章或说话的理解能力低等。这样又衍生出学习成绩欠佳、厌恶学习、自信不足等问题。

孩子需要多长时间的爬行才是足够的？没有标准的答案。孩子脑里的“软件程序”自会安排，爬够了，孩子很快就能站立行走。没有两个人是一样的，不要把你的孩子跟其他孩子做比较，每个孩子的需要都不一样。

2．孩子的顽皮。

很多家长因为孩子顽皮而烦恼，觉得孩子不受教、东搞搞西搞搞、不能安静下来、总是闯祸，很失礼、很烦心。一些家长更会对这样的小孩说：“你再这样妈妈就不爱你了！”但是我们应该知道，因为孩子脑里预先编好的“软件程序”操控了他，孩子是无法安静下来的，但是听到妈妈这样说，孩子不是总怀着一份担心生活，就是学会不把妈妈的话放在心里。久而久之，妈妈的话对孩子变得没多少分量了。

每个人的大脑里都有约1000亿个神经元，就算有差距也不超过1%。因此，一个孩子是否聪明并不是因为神经元的数量比别人多，而是取决于神经元连接网络的稠密程度（神经元之间的连接点的数量）。这些网络如何增加呢？每次有新的（以前从未接收过的）感官或者心理上的刺激出现，就会形成新的连接网络，这可以是一声斥责、一个声音、一次闪光、一份压力或冷热的感觉，只要是以前没有过的经验，都会产生新的连接网络。

教导一个孩子做什么事，例如如何拿起一个水杯喝水，一个我们称之为“乖”孩子的小孩会按照家长的指示正确做出第一次（产生了新的网络），以后的九次都是那么“乖”地重复这个做法，得到家长的夸奖；而一个“顽皮”的孩子则由第二次开始次次不同，搞花样，十次过程中四次把水打翻了，更有两次摔破了杯子，受到家长的责骂。很多家长以为孩子想炫耀、出风头、引人注意，其实孩子是利用这个过程让自己变得更聪明：“乖”孩子重复十次同一行为只有一个网络，而“顽皮”孩子因为次次不同而发展出更多的网络。所以，聪明的孩子总是多花样，而多花样又使他变得更聪明。

要孩子乖乖地坐在那里等待新的刺激出现，他学习和增加连接网络的机会太少了，所以孩子会“主动出击”；坐不稳、对什么都好奇，同时专注能力低，什么东西到手不一会儿他就厌烦了。其实，太专注便学得不够多、不够快了。所以，孩子的顽皮可以说是孩子发展神经网络、让自己变得更聪明的途径。

若顽皮的孩子得到父母正确的引导，更有系统性和建设性地“顽皮”，例如引导孩子把好奇心放在科学、运动、实用性的技巧技能方面，孩子的成长就会更好。但是，须记住两点：

第一，引导的方向不得减少孩子的动力释放可能性，若减少了他便会感到无趣而放弃。

第二，必须容许孩子保留部分时间可以“自由发挥”。

3．孩子的游戏。

一些家长认为孩子玩游戏是浪费时间，所以安排了很多学习活动给孩子，使得孩子没有时间玩游戏。这是错得不能再错的观念。没有任何其他活动能替代游戏带给孩子同样的学习意义。

表面看来，游戏只是让孩子的肢体协调能力提升，其实游戏的好处远不止这点，最重要的有三点：

除了肢体协调能力（运动神经系统与视听感觉感官的配合），孩子还能发展出做事懂得分寸、说话懂得轻重的能力。试想，在“警察捉小偷”游戏的追逐里，孩子（小偷）一面跑，一面注意环境和选择前面的路，同时更留神背后追来的孩子（警察）距离还有多远，需要同时做到的观察非常复杂，而且情况是处在快速地不断变化中的。当“警察”的手快要抓到“小偷”的背部时，“小偷”把背部稍微挪移一下，再转变跑的方向，“警察”的捕捉便落空了。这样快速动作的背后是非常精密而复杂的计算能力，同样的神经元网络也管理做事分寸和说话轻重的能力！多一些这样的游戏，孩子会发展出精密评估环境情况和有效处理本人与他人或事情的关系的能力，这对孩子成长后的生活非常重要！

在游戏中出现的团队精神和沟通需要，让孩子发展出重要的处理人际关系技巧，其中的接受他人与被他人接受、协调和谈判、观察与判断、维权与妥协，以及处理失败和失望的能力都是非常重要的。我实在找不出来有其他活动或者学习可以代替游戏的作用。

上述效果自然能培养孩子有效照顾自己的能力，在游戏中成功和被他人接受是最好的“能力经肯定而成为自信”的模式。这样的孩子充满自信，学习得很快，能够在任何人群里有效地生存。

4．让家长紧张或生气的行为。

有些孩子好像“特别顽皮”，故意做一些让家长紧张或者生气的事。事实上，孩子是在用一种不同的方式学习一些很重要的事情，孩子的动机并不是要家长紧张或者生气，而只是把家长作为学习的“工具”而已。特别是7岁之前的小孩，脑子里根本就不会有“故意怎样做才能让妈妈生气”的“坏”思想。

孩子是在建立“怎样做会（或不会）被接受”“怎样做会（或不会）有什么情况出现”的认知网络！在家里学会了，长大后在外面就更懂得处理情况了。

孩子也会故意在一些事情上屡不听指示，一些家长说自己要被孩子气死了，什么事都要叫上好几次孩子才听。我叫家长给我一个平均数字：要叫上多少遍孩子才行动？例如家长回答说“七次”，我就问家长：“你做了些什么让孩子知道前六次的指令是无须听从的？”孩子这是在学习如何准确掌握事情的度了。这项能力将使他在工作、人群里懂得鉴貌辨色，能够拿准分寸，这不也是很重要的能力吗？

一、13岁前，给予孩子尽可能多的生命体验

大千世界里，不同生物的大脑神经细胞（学术上称之为“神经元”）的数量也不同。一只苍蝇有10万个神经元，老鼠有500万个，猴子——所有生物中最接近人类的动物，神经元有100亿个，而一个成年人则有1000亿个神经元。

大脑对人的一生影响甚大，这点大家都很清楚，然而大脑是怎样发育的，又是怎样工作的，怎样可以使它发挥更大的作用等，却不是一般人有机会接触到的学问。事实上，近年来科技突飞猛进，对这方面的研究有了很大的发展，脑神经学的进步使我们了解到胚胎里的生命和婴儿的大脑的发育过程；对于实际生活中遇到的种种情况，大脑怎样运作，如何更有效地使用它。这些我们今天都有了更清楚的认识。

我们的大脑，更确切地说是“脑神经系统”，大致上可分为三个功能区域。第一个区域收集来自各个感觉器官（视觉、听觉、味觉、嗅觉和触觉）和体内各部分的信息。第二个区域负责处理这些信息，做出回应，并储存这些信息。这个区域是我们大脑中最重要的区域，也是头颅中那个叫作“脑”的器官的绝大部分。一般我们谈到思考、情绪、记忆、性格等时所说的脑，便是这部分。第三个区域负责执行大脑做出的决定，传至身体各部分去做出相应的配合行动。

举一个例子，当一个人抬起手做出拍你的动作时，你的眼睛接收到这一信号，经由脑的第一区域的神经元，传入脑的第二区域。在这里，脑会把所有在过去储存起来的关于这个人的记忆、关于这个动作的所有经验及可以做出的回应的种种选择找出来，并加以判断，然后做出如何回应的决定。例如：若对方的脸上有怒容，这便是一次攻击；若对方脸上有笑容，这也许只是一次玩笑。这个判断，经由脑的第三区域的神经元传给手、足，做出相应的行为，也同时传入体内各部分，使各个器官和系统产生配合的反应。例如：若这是一次攻击行为，内分泌系统会快速地制造并释放出肾上腺素，使心跳加快，血液循环加速，同时消化系统会放慢，眼、耳等会加倍灵敏等。

大脑中三个区域的神经元传递信息的方法是：运用一些生化物（学术上称为“神经递质”）。信息在一个神经元内的传送时使用电脉冲，当信息到达那个神经元的末梢的时候，一些生化物便会被释出，另一些神经元，因为有接收该种生化物的“接收器”（学术上称为“受体”），便会收到所传送的信息，然后再经由同样的电脉冲 / 生化物交替的过程，传送到其他的神经元。

一个成年人的脑有约 1000 亿个神经元，而每个神经元，往往与 1 万个以上的其他神经元连接，这样构成的神经元网络非常非常庞大，由此可以知道，传递信息的复杂过程是多么骇人的巨大、快速和全面。

近年来，科学家对那些生化物开始做深入的研究，目前已经掌握了很多这方面的知识，但是要说全部了解，还言之过早。现在我们知道这些生化物是控制我们情绪的关键，如今的医学、药物学、病理学、生理学、营养学、心理学和脑神经学等的研究，都集中于神经递质和受体方面，而且几乎每天都有新的发现。

上面说过，一个成年人有约1000亿个神经元，人人都差不多是这个数字，相差极少。一个人聪明与否，并不是取决于他的神经元的数目，而是取决于他的神经元所建立起来的连接网络的密度和大小。计算连接网络大小的方法是计算一个神经元与另一个神经元的连接点。一个成年人的脑会有500万亿个这样的连接点，而一个人与另一个人之间，这方面的差距可以达到25%！连接点越多，这个人越聪明。增强脑力，便是增加神经元之间的连接点数目。增强脑力的方法，用“逆水行舟，不进则退”来形容至为贴切：多运用大脑，神经元网络越大，脑力便会增强；少用，神经元网络减少，脑力便会衰退。

现在，让我们看看大脑发育的过程，肯定会使你赞叹不已。

当一个生命在母亲的体内孕育时，脑纤维组织会在受孕后第23天开始形成，神经元会在怀孕后第40天左右出现，并且急剧地分裂、发展。在短短的4个月里，神经元的数目会达到2000亿。记得前面说过，一个成年人的脑只有1000亿个神经元吗？这2000亿个神经元争取各种机会相互联系，活动最强的1000亿个会成功地取得联系，并且因此得到养料的滋润。较弱的1000亿个神经元，因争取不到工作，便被淘汰。婴儿出世时大脑的体积是成年时的30%，之后两年内，便会成长至成年的90%。由此可见，脑是婴儿最先发展的器官。

神经元之间的连接网络，绝大部分是因为受到外界的刺激而产生的，这个过程在母亲的体内便已经开始。婴儿出世，开始独立地生存，外界的刺激既多且密，神经元的连接网络急剧地发展。有些时候，其增长速度可达每秒钟增加30亿个连接点！在8个月时达到最高峰，会有1000万亿个连接点（在数量上这时是最高峰，但从效率的角度看，连接网络能力最强的时候是3岁左右）。在达到最高点之后，又会有一次淘汰过程出现：连接得不好的和少用的网络会消失，连接点的数字会下降至500万亿，刚好又是一半。这一过程，会在孩子12岁左右时完成，此后人一生的神经元连接网络的数字，会大致停留在这个数字的水平，除非接受一些特别的脑力训练。

在两次淘汰过程中（神经元和连接网络），每次都淘汰掉一半，而把好的一半保留下来。上天赋予我们成长的条件如此丰厚，我们还有什么可以抱怨的呢？很多科学家相信，没有人运用脑的能力超过1%！所以，孩子不会有智力不足的问题，而只会有智力运用不足的问题。

上面说过，大脑的成长发育要靠外面世界对它的刺激，尤其是视觉、听觉、语言、嗅觉、肌肉控制及理解等能力的发展，如果一个人在幼年时未能充分运用脑力去学到正确的基本能力，他长大后便会有严重的能力障碍。

从出生至12岁这个阶段里，由神经元组成的连接网络会不断地发展出一些特别的组合，去配合某些学习或者成长所需的条件，例如思考、说话、观察、态度、行为倾向等。这些特别组合会快速形成，若没有被好好地运用，也会快速地消失。这些特别组合，便是儿童“天分”的显示。在儿童成长的过程中，会有很多这样的“学习窗口”出现，特别适合某些活动，例如弹钢琴、绘画、运动，甚至学术上的特别领悟力。如果我们给孩子充分的机会去不断尝试新事物，也许正巧能碰上合适的“学习窗口”，孩子会有异常的表现，这往往被认为是有天分。如果孩子对此有兴趣继续学习，再加上家长的不断鼓励，孩子便找到了未来成就的方向。一般来说，12 岁之前所有这些“学习窗口”都出现过了。可惜的是，今天我们尚未知悉什么时候适合哪项学习的窗口会出现，只知道每个孩子都不同。

孩子必须不断地接触新事物，并且不断地去运用他的感官和身体做出配合，否则会失去或者减弱他成长期学习的能力。例如：一个有正常大脑的孩子，如果到两岁时还未有过视觉经验的话，这个孩子将会失去视觉的能力；又假如他到 10 岁时仍未听过任何字句，他将永远不能完善地学好任何一种语言。我们通常见到很多小孩子非常顽皮，这里看看，那里摸摸，这里碰碰，那里动动，甚至拆开、打破一些东西，其实那往往是他接触到新事物之后，运用自己的感官和身体认知的过程。所以，让孩子多尝试、多接触事物是十分重要的。

明白了孩子大脑的发育过程，家长便能更容易、更有效地去教导孩子了。

二、把握孩子的五个成长黄金期

社会心理学家艾力 · 艾力逊研究指出，人的一生可以分为八个发展阶段，每一个阶段都有其心智成长的特定目标。如果在该阶段出于某些原因不能正常发展，这个人会在生活上出现一些问题，长大后他就需补回这个过程，但要付出很大的人生代价。

艾力逊的研究结果，被现代的社会心理学家所尊崇，因为它解释了在不同社会里成年人性格和行为上出现种种偏差的成因。

八个阶段的前五个，在一个人的 21 岁之前完成：

·第一个阶段：0 岁至 1 岁　信任与不信任

·第二个阶段：2 岁至 3 岁　自主与羞愧

·第三个阶段：4 岁至 5 岁　主动性与内疚

·第四个阶段：6 岁至 11 岁　勤勉与自卑

·第五个阶段：12 岁至 21 岁　身份（与对角色）的困惑

表 3-1 标明了在每个阶段里孩子的需要和家长正确的做法，同时标明家长若忽略了有可能出现的情况，孩子长大后可能出现的个性特征，以及其他与这个阶段有关的成人心理倾向。

表 3-1　出生至 21 岁的五个阶段

阶段	孩子的需要或行为	在这一阶段孩子的需要得到满足	家长未能在这一阶段满足孩子的需要	由于孩子的需要未能从家长那里得到满足，长大后可能会出现以下个性特征	与此阶段有关的成人心理障碍
第一阶段（0 岁至 1 岁）信任与不信任	肚饿——被喂食物 受惊——被拥抱 哭泣——被拥抱 让孩子知道他的重要性及家长多么需要他。	孩子会觉得生长在一个安全的地方。长大后，会是一个开朗及信任别人的人。	孩子会觉得生长在一个不安全的地方。	1. 表现出一种异乎寻常及极度害怕被遗弃的个性特征； 2. 拼命地寻找一个依赖的对象； 3. 需要别人照顾； 4. 深信不能信任何人。	竭力维持毁灭性的感情关系，而且展示偏执狂症的倾向，如暴饮暴食，或过分地需要别人的夸奖。

（续表）

阶段	孩子的需要或行为	在这一阶段孩子的需要得到满足	家长未能在这一阶段满足孩子的需要	由于孩子的需要未能从家长那里得到满足，长大后可能会出现以下个性特征	与此阶段有关的成人心理障碍
第二阶段（2岁至3岁）自主与羞愧	孩子开始学习如何控制自己的生理机能及注意到身体的能力及限制（如控制大小便）。	如果有家长支持及受到尊重的对待，他会获得充满自主能力的感觉及觉得他自己对这个世界有一份影响力。	若孩子在这个成长阶段得不到鼓励，或受到恶意的批评及嘲笑，尤其是在他尝试学习如何控制大小便的过程中，他很容易产生害羞及惭愧的感觉。	1. 经常觉得自卑、无用及不可爱； 2. 不相信自己在世界上有存在的理由； 3. 把自己塑造成一个必须依靠别人的人； 4. 觉得自己生存的权利取决于对别人的重要性； 5. 经常做出不恰当的道歉。	不知道自己真正需要些什么，不能拒绝别人的要求，害怕有新的经验，害怕面对别人的愤怒。
第三阶段（4岁至5岁）主动性与内疚	1. 喜欢幻想，创造及按照自己的主意行事； 2. 发展出主动性。	如果在这一阶段受到家长的支持，他会说出他的想法及表达他的情绪，并且他会发展出一份健康的好奇心。	如果在这一阶段，家长不支持他，反而因他做出新的尝试而处罚他，他会觉得内疚、有犯罪感，因而停止他的主动性，或会秘密地做。	1. 害怕犯错； 2. 感到无助及内疚； 3. 只懂得安慰别人； 4. 回避风险； 5. 隐瞒错误。	1. 不能认识或表达内心的感受； 2. 害怕说出内心的事情； 3. 对感情关系负上过分的责任； 4. 不断地去讨好别人。

（续表）

阶段	孩子的需要或行为	在这一阶段孩子的需要得到满足	家长未能在这一阶段满足孩子的需要	由于孩子的需要未能从家长那里得到满足，长大后可能会出现以下个性特征	与此阶段有关的成人心理障碍
第四阶段（6岁至11岁）勤勉与自卑	这一阶段的孩子，会开始与别人竞争及比较。	如果老师和家长鼓励孩子学习及表示孩子与其他孩子一样有同样的能力，孩子将会受到激励而变得有活力。	如果老师和家长经常严厉地批评或忽略孩子，孩子会不信任自己，或者不会自觉地做事。他会产生不配做某件事或不及别人的感觉。	1. 避免参与任何的竞赛或极度喜欢与别人竞争； 2. 觉得不安全及不如别人； 3. 对自己或别人吹毛求疵。	1. 凡事要求完美； 2. 经常拖延及耽搁； 3. 不知如何达到目标。
第五阶段（12岁至21岁）身份（与对角色）的困惑	青春期： 1. 探索自己怎样去适应这个世界； 2. 接受自己身体生理上的变化； 3. 界定自己对异性的身份； 4. 界定在同性和同辈里的身份； 5. 找出人生应怎样过。	若这阶段容许他去探索他的梦想及感觉、改变想法及尝试新的方向，他会发展成为一个接受自己的人。	若家长及身边的成人不支持他，又不引导他去探索，而只是过早地强逼他进入某一个角色，他会形成反叛的个性或者变成一个轻浮的人。	1. 不正确地表现出青春期的行为； 2. 对自己的人生角色感到矛盾； 3. 不能订立人生目标； 4. 依靠情感关系或事业成就去肯定自己的身份。	1. 需要不断地谈恋爱； 2. 需要凭拥有的东西、认识多少人及工作成就去确定自己的人生角色。

三、按孩子成长阶段的不同特征而施教

人类的本能远大于我们所表现的。幼儿有极丰富的学习能力，如果有计划地加以激发，下一代就可能有无数的爱因斯坦、毕加索、居里夫人等伟人出现。

（一）0岁至6岁，感性先行。

近年的科学研究不断证明：孩子越小，学习能力越强。传统上我们往往注意孩子进入小学以后的学习，却忽略了孩子由出生至入学的这一段，即0岁至6岁这个阶段。

0岁到3岁的幼儿时期，基本上是以家庭为主的幼教；3岁到6岁的幼童时期，基本上是以幼儿园为主的幼教。6岁前的幼教是右脑学习（感性学习），属于直觉式的训练，也就是潜意识能力的训练。6岁后是左脑学习（理性学习），是意识能力的训练。

6岁前的孩子不在乎重复及单调，本身丰富的想象力可以使单调的信息变为有趣的东西。他全然不介意每天都听同一个故事，虽然他对内容已经滚瓜烂熟，甚至在家长说错时会马上加以纠正。家长在说这类故事的时候可以观察到孩子神情的投入及眼睛的不断转动，那是孩子在脑中运用想象力的表现。

因为一个人大脑的能力取决于神经元构成的连接网络的大小，连接网络是根据外界因素刺激而产生的，而主要的网络连接发展工作在一个人12岁之前完成，因此幼儿时期的学习是基础的建立，最为重要。以学习外国语言为例，任何成年后才学外语的人都知道那

份困难。外语学习班里如有10岁以下的孩子，他的成绩总是比大人的好，发音既准，语法与生字词掌握得又快，便是这个道理。幼儿的脑神经网络，以量来说，最高是在出生后8个月左右；以质（能力）来说，最高在3岁左右。所以20岁学外语不及10岁，10岁不及3岁，而3岁又不及出生后的第一年。不要忘记：脑神经网络是配合外界刺激而生长的，当婴儿受到外语的刺激时，他脑里的神经网络便会相应发展，也就是说，所发展出来的网络，是最适合学习外语的网络。与其相比，成年人只是运用已有网络去做本非为此的工作，当然学得比孩子慢了。

以下是婴儿出生第一年的一些重要知识：

1. 胎儿出生的第一个月（28天），叫作新生儿时期。新生儿时期是心理现象的发生时期，是独立心理活动的开始。

2. 婴儿出生时并不具有心理现象。儿童心理的发生是跟儿童在社会生活和教育等条件下神经系统的发展，尤其是脑结构的发展分不开的，这又与儿童大脑对外界刺激产生反应的机能的发展分不开。心理不是别的，是在环境的影响下大脑活动的产物。

3. 婴儿生下来的时候，只有“非条件反射”的功能，非条件反射是遗传的，是本能性的，它的适应性非常低，但它是形成“条件反射”的自然前提。

4. 条件反射在婴儿出生两周后才开始产生，最初的条件反射是很低级的，适应性也是很差的。条件反射是由大脑控制实现的一种信号机能，能够反应和揭示刺激物的意义，从而使人能根据事物的信号和意义来调节自己的行为。条件反射的产生是婴儿心理发生的标志，标志着作为独立个人的心理、意识的最原始形态的形成。

5. 在出生后大约一年的时间内，婴儿身心各方面都将有极为显著的发展。在成人的影响下，婴儿不断掌握随意动作的能力，并且获得对简单事物的初步认识。这一年的变化确实非常巨大：作为人类特点的直立行走、双手动作、言语交际的能力，经过逐步的发展，终于都开始出现了。

6. 婴儿从很小的时候起，就不是消极地接受外界刺激，而是在积极的活动中反映现实。例如：饿了就哭闹，饱了就安然睡去；对甜的东西表示欢迎，对苦的东西表示拒绝。

7. 幼儿首先发展的是感觉能力，运动能力相对滞后。一般动物出生后不久，动作能力就发展得很好，可以自由行动起来。而人类，在出生后的前半年，首先发展的是一些感觉的能力，如味觉、嗅觉、听觉、视觉等，至于动作，特别是手的动作、爬行和走等运动能力，都是随后才发展出来的。

以下是婴幼儿感知觉能力发展的一些基本规律：

·触觉：幼儿大约从出生后第三个月起，一种不自觉的手的抚摸动作就开始了，他无意地抚摸被褥、亲人或玩具等。到第五个月左右，由于抚摸动作的不断反复，儿童开始把手作为认识的器官来感知外界事物的某些属性。

·感觉：皮肤的感觉很早便开始了，特别敏感的是嘴唇、手掌、脚掌、前颈和眼皮等。皮肤感觉对幼儿来说至为重要，对早产的婴儿多做抚摸皮肤的行为，对提高存活率有很大的帮助。

·味觉和嗅觉：在出生的30天左右，经过二十多次的重复经验，幼儿便可以对有香味的食物有所反应。四个月的婴儿，就能比较稳定地区别好的气味和不好的气味。

·视觉：婴儿出生的两至三周内，两眼常有不协调运动，这是因为他眼球运动所需的肌肉控制能力尚未形成。两三周之后，两眼不协调的情况会消失，而且可以开始对光线或物体有所反应，但仍不能长久地把视线集中在一个物体上。视觉集中的能力，婴儿在第五周左右才能掌握，到第三个月时才会圆满地集中和灵活运动。婴儿从第四个月开始对颜色有不同的反应，特别是红色最能引起兴奋。约从第五个月开始，他能够注视远距离的物体，如飞机、月亮等。此后，视觉的发展就已经不是集中注意，而是对事物的积极观察了。

·听觉：婴儿的听觉在母亲体内便已开始发展。婴儿刚出生时常会有听觉不甚灵敏的情况，那是因为耳内羊水还未清除干净。在3个月内，婴儿便能明显地注意到声音的来源。在第三个月和第四个月，婴儿能对音乐表现出愉快的情绪，对刺耳的声音则会表示不快。

·知觉：是对事物整体分析的综合反映，由出生后开始逐渐发展。出生后两天的婴儿就可以分辨人脸和其他模型。比较其他图片来说，他会表现出对人脸图片注视更久的现象，到两三个月时，开始有深度知觉和空间知觉。

（二）6岁至12岁，顽皮是宝。

由出生到12岁左右的孩子，是一部不断学习、不断修正的“机器”。这部“机器”精力无限，不能安定，对很多新事物都很感兴趣。

孩子的表现往往是：不肯听话；不能好好地坐一会儿；越叫他不要动，他越会伸手去动；变化无常。家长简直应接不暇。

其实，所有这些都表明孩子很正常，他正在努力地发挥和运用体内的“学习机器”，给自己最多的机会去吸收知识，学习和培养能力。

6岁之前，孩子用右脑学习，特性是幻想力特强。6岁之后孩子开始较多用左脑学习。以下是一些该注意的事项：

1．右脑学习，主要是训练孩子对事情的整体吸收和创作力。

这是极为重要及基本的智力。这个阶段，让孩子认识自己的感觉、接受自己的情绪，对孩子下一阶段的认知学习十分重要。

2．事情的“道理”需要推论思考，这是左脑的工作。

孩子在6岁之后才开始发展左脑学习，因此对6岁以下的孩子讲道理是没有用的。教导6岁以下的孩子做一些事，应强调其中快乐、开心的感觉，这时孩子才能听进去，强调什么是对他最好的，帮助他培养出纪律性。6岁以上的孩子，才要教他明白事情的逻辑，这当然需要做适当的训练，让孩子一步一步地培养出好的抽象思考能力。

3．孩子的神经元所组成的连接网络（即智力）比成年人的强很多，但表达能力则比成人弱很多。

孩子能够感受和洞察到事情的存在，例如家长之间的不和、忧虑等，但是如果家长不提，甚至蓄意隐瞒事情，孩子便会以为事情不能提出来讨论，事实上他也欠缺做好讨论的表达能力，于是在心里做出一些错误的判断，产生一些错误的信念、价值观和行为准则，这可能对他一生都有不良影响。家长如能明白这点，就应该尽量不隐瞒事情，抱着“无事不能谈”的态度。同时，家长应该明白孩子的表达能力弱，与孩子谈话时不“代替”孩子说话，而是帮助孩子正确地表达出内心的意思。

4.“顽皮”其实是孩子在学习。

6 岁至 12 岁的孩子顽皮，不断搞出新花样；喜欢玩耍而不爱读书；总是坐不稳，走不定；不断地左弄弄，右弄弄；不然就是嘴巴不停。很多家长都因此感到很累。

要解释孩子身上出现的这类行为，我们需要从他们脑神经系统发育的过程如何与孩子的身体成长相配合这个角度分析。孩子出生时大脑一片空白，什么也不懂，脑与身体各部分的能力虽已具备，但需要编入程序，使他们在生理及心理上能够发展出处理生活上出现的各种情况的综合能力。身体是由人脑驱动的，大脑由无数神经元组成，神经元的运作能力取决于它们所组成的连接网络，而这个连接网络的产生则要靠外界出现的刺激因素。接受的刺激越多、越有所不同，产生出来的连接网络便越丰富，人也就越聪明。科学研究证明，幼儿期较少玩耍的孩子的智商，比幼儿时经常与他人一同玩耍的孩子低，便是这个原因。

举个例子，孩子很小的时候，若有多种语言在生活环境中出现，神经元所受到的刺激便会制造出所需要的连接网络去配合，这个孩子长大后学外语时就会觉得很容易。

接触每一种新的事物都是对神经元的一次新的刺激，都会促进连接网络的一些新发展。但是如果这件事重复出现，而且内容完全一致，神经元便只会重复使用第一次刺激时发展出来的连接网络，而不会有新的发展。由此可见，同一件事用十种不同的做法，会让孩子发展更多新的神经元连接网络的机会，但是这样的孩子却往往会被认为是太顽皮了。

若想孩子发展出好的神经元连接网络，除了供应足够的营养外，最重要的便是有足够的刺激因素。若只是任由环境出现的事物带来刺激因素，孩子所能得到的发展智力机会就太少了。因此，小孩子总是不断找寻新的事物，尝试新的行为，对每一件事都有兴趣。如此，他才会得到最多的刺激因素，他的脑力才能有最好的发展。孩子搞新花样，其实是在努力学习，然而往往被家长说成顽皮。

5．孩子需要学习礼貌。

给孩子足够的活动空间，容许他有大量的活动，也就是玩耍，使他的脑力有充分的发展，这很重要，但同时，孩子也需要学习礼貌，懂得和其他人相处时的仪态，因此家长应该教孩子学会在某些时候安静地坐下来谈话。

教导孩子学习礼貌对很多家长来说是很困难的事，这是因为教导时，家长忽略了一个很重要的因素：若孩子被引导有“学习礼貌”等同于放下“活动的动力”的信念，孩子是不会听命的，就算安静一会儿也会再次吵闹，因为他脑子里的预设软件操控的原因，他会认为“活动的动力”比“学习礼貌”有更大的价值。但是如果能保持“活动的动力”的可能，同时让孩子懂得若要与人相处得好，有的时候需要能够坐下谈话，这样孩子就有了“活动的动力”和“因有礼貌而得到尊重、接受和肯定”两个价值，孩子就会愿意接受“学习礼貌”这件事了。

这方面还需要注意两点：

第一，不要忘记孩子难以长时间将注意力放在一件事上面，所以，要设计好一次安静谈话，需要将谈话控制在比较短的时间内，尤其在最开始这样要求孩子的阶段。而且，家长应注意，所有对孩子的引导和安排，动机不要出于“证明孩子做不到”的结果，而是要出于“证明孩子做得到”的结果。

第二，家长需要教导孩子在安静谈话时的谈话技巧。很多孩子不愿安静谈话，其实是因为他不懂怎么去谈，因而不能安静谈话。

6. 孩子活动时间的运用也需要注意。

今天的家庭生活比以前丰裕得多，但是出于安全的理由，家长往往希望孩子留在家里，宁愿孩子把时间花在电视、电脑和电子游戏机上。孩子的确应该自小便懂得使用电脑，电视也有有益的节目，电子游戏亦能使家人欢乐一堂，有其价值。可是这些科技产品不应占孩子活动时间的大部分，因为孩子需要很多不同的刺激因素，光靠这些是不够的。

一群孩子在一起玩耍时，可以学到与人沟通、建立人际关系、自我价值评判、取得支持、化解冲突、建立和谐关系的方法；孩子参加野外活动，可以学到照顾自己、解决困难、利用环境条件、互相帮助、提高自信心、认识大自然的方法；孩子参观博物馆、动物园、工厂、电视台等，可以充实人生知识；孩子参观敬老院、孤儿院、农场、医院等，可以帮助他们在感性方面成长。这些，是在家中面对着电视、电脑无法学到的。

家长应该鼓励孩子多与其他孩子玩耍和参加课外活动。这样做，还能减少孩子带给家长的烦恼。

（三）10岁至12岁，最脆弱。

香港每年的青少年自杀个案，八成以上的年龄是在9岁至14岁。这不是巧合，而是在孩子的成长过程中，这个阶段最为脆弱。

孩子成长到10岁至12岁时会有一些重要的转变，如果家长不谅解和不懂得配合这些转变，对亲子关系会有很大的负面影响，亲子沟通会快速恶化，孩子的抗拒、隐瞒等行为也会出现。一般人说的代沟、反叛性格都在这个时期产生。更严重的行为，如争吵、冷漠态度、离家出走等，也可能发生。特别是孩子的这些转变来得既快又大的时候，往往令家长感到不知如何是好。其实，这与孩子大脑成长发育的方式有关。

孩子由13岁至14岁到成人的阶段，对大脑的发育来说，可以说是一个“准大人”的阶段。在这个阶段里，孩子做的事都在模拟成年人的行为，因为他们内心里认为自己已经有做成年人所做的事的资格，不会只是遵从大人的指示而做事。孩子为了进入这个“准大人”阶段而做的准备工作，便是在10岁至12岁这一段时间进行。

孩子可能在过去很愿意听从家长指示，在家长的身边亦步亦趋，很随和顺意。可是在一两周内，孩子会忽然变成了另一个人，不再喜欢跟随家长外出，而且事事有自己的主意。他的主意大多不会很好，没有效果，但他宁愿事后挨骂，也要坚持己见。

原来，为了准备踏入“准大人”的阶段，孩子的脑里开始了一个预编的程序。在这之前的日子里，孩子习惯并且乐意让家长牵着手走路；但是孩子做“准大人”时，却必须不让人拖着，而是用自己的双脚走路。这个改变的第一步就是孩子想甩开家长的手，所表现出来的行为态度就是不再顺从家长的安排，例如不再喜欢跟随家长去什么地方，上学也只让家长送到远离校门的路口。这时候的孩子会有很多主意，就算是家长所教的多次使用且效果不错的方法，现在都不肯继续沿用，而是改用自己想出来的、往往效果不好的方法。弄糟了以后，家长会问孩子为何不用旧的好方法，他回答不出来，这是因为在当时，他内心就有这样的一份冲动。这份冲动来自他脑中遗传基因预编的程序，是成长的一个重要部分。

家长若明白这是孩子成长中极为重要的一步，便不会事事施压，不会坚持让孩子听从自己的指示或用旧方法了。毕竟家长是想孩子他日成为一个完全有能力照顾自己、成功处理人生中种种挑战的人，甩开家长的手是必然的第一步。刚开始时，孩子所想到的方法当然不够周详，但这正是最好的自立锻炼呢！

家长若不明白这个道理，便以为孩子变得反叛了，处处不听话，事事顶嘴，沟通困难，亲子关系因而变得紧张。其实，家长应该给孩子鼓励：每当孩子做的效果不好，应该肯定他的勇气，向他表示自己对他有信心，支持他再试着找出新的方法。另外，要多与孩子谈谈，多听听他的想法和感受。

另有一事会让这个阶段的孩子经常出现某些强烈反应，家长若处理不善，也许会引起很严重的后果，这就是孩子交友的问题。

在 10 岁至 12 岁这个阶段，孩子对结交朋友会有很固执的意见，家长为了防范孩子误交损友，往往会对孩子加以限制，孩子因而会有很强烈的反应。家长如果处理得不好，亲子之间的关系会在短短数周变得很坏。在严重的情况下，孩子会不惜为了与某人交友而瞒骗家长，与家长反目，甚至离家出走，虽然那个某人一个月后可能就不再是孩子的朋友。

其实，这方面的情况是不难处理的，家长首先要明白孩子的心理需要。当孩子完全成长后，在他的世界里得到同辈的接受和有自己的朋友是十分重要的事。他要学会与别人建立友谊，而且要树立为友谊付出代价的意识。在他的潜意识里，家长的反对就是不让他发展出这份能力的意思，他当然强烈地反抗了。

另一方面，在一个10岁至12岁的孩子眼里，“某个人是朋友”所代表的价值观，往往与家长心中的一套价值观有很大的不同。例如家长心中的“不长进”对孩子便没有什么意义；反之，那个朋友所表现出的机智、反抗命令等行为背后所代表的力量，孩子却十分向往。家长若想解决这类问题，必须先了解孩子内心的一套价值观。

我建议家长：假如你不许孩子与某人交朋友而他的反应十分强烈的话，你可以稍微降低要求，例如订立规则：一个星期见面不超过两次，外出必须在晚上11点之前回来，请那位朋友到家中一同玩耍（可乘机做深入的观察）等。再进一步，可以对孩子说：“既然那个人有资格做你的朋友，那个人的父母也有资格做我的朋友了。”家长要鼓励孩子让自己认识那个人的父母。两个孩子的父母有了联系，双方都会更安心。

更有效和重要的方法是改变自己对孩子的态度。孩子已经进入了一个新的阶段，家长必须改变自己的角色了。过去，家长可能扮演一个带领者、指导者、权威者的角色，这代表力量、正确做法和标准。在未来的阶段，家长若想维持或者改善与孩子的沟通，一直到孩子成年后都可以保持一份融洽良好的关系，家长必须改变自己的角色：做孩子的朋友。家长的绝对权威仍然有用，但必须收起来，待有绝对需要时再拿出来用，反正这份权威待孩子长大到 15 岁至 16 岁时，剩下的也不会很多了！

朋友与家长有很大的不同。朋友有对等的地位，是互相支持、信任和帮助的。有困难和困扰时，我们都会找朋友去开解。好的朋友，不会老是说他自己怎样正确，不会也不能逼对方接受自己的意见。好的朋友，更是无条件地接受对方，就算对方做错了，也会原谅和鼓励他，继续支持他。最重要的是，与好的朋友谈话，双方都可以表达意见，没有一面倒的权威话语，更不会句句都是批判和指责！

有时，我们见到一些父子或母女，年龄加起来已超过 100 岁，但两人还是十分融洽、亲密，就像忘年交的好朋友一般，他们都是在孩子 10 岁至 12 岁时无意中建立起了朋友关系，一直维持着让人艳羡的亲密友谊。

如果家长过去的处理模式已经使得双方的关系很僵，家长可以试试以下的办法求得改善：

找一个双方都比较轻松的时刻，主动与孩子谈谈自己的一些烦心事，例如公司里出现的困难，把语言强调在内心的困扰（情绪）上。前一两次孩子或许不会有积极的反应，因为他不习惯这种情况，不知如何是好，或许他不相信家长这样做是真心的。家长应多尝试几次，加上在其他事上已经减少施加压力，孩子最终会接受并开始与家长谈论家长的困扰。

主动说出内心困扰而要求与孩子交谈，是邀请其做朋友的表示。家长有困扰时可以找孩子倾诉，当这份友谊建立后，孩子有困扰自然也会找家长倾诉了。

在孩子10岁至12岁的时期与他建立朋友关系是十分重要的。家长必须明白，若想永远维持成功愉快的亲子关系，这种关系需及早建立，最重要的是在孩子10岁至12岁的阶段。在这个阶段必须出现“权威的监督关系”被“朋友的支持关系”所超越。这样说或者不符合传统的主张，但我们必须明白，今天的孩子无论在智力成长、社会影响和吸收信息方面，都急剧地趋向早熟，家长要想有良好的亲子关系，就应该改变做法，以效果为目标而不应盲目追随传统。

很多家长问我关于孩子过早谈恋爱的问题。如果你有一个女孩，在今天的社会环境里，十三四岁便可能会有异性朋友，大部分家长没有这方面的训练，不知如何处理，只会不断反对，结果很可能是全世界的人都知道你的女儿在谈恋爱而只有你不知道！如果不想有这样的情况出现，最好是在女儿10岁至12岁或更早的时候，便与女儿建立起朋友的关系，能够互道内心感受。

其实，一个十三四岁的女孩，对很多事情也不知应该怎么办，十分渴望得到一些好的意见，你以母亲身份去给她一些意见是最适当的。但家长必须先成为她的朋友，她才会让家长知晓她内心的想法，并与家长分享她的感受。

不明白孩子在10岁至12岁的上述种种需要，最典型的证明便是每有家长问孩子事情，孩子总是回答说：“你不会明白的。”若你的孩子经常有这样的回答，你便应试试本文提供的做法了。

（四）12 岁以上，树立信念。

一般来说，14 岁至成人，称为青少年期，一些早熟的儿童，十二三岁便开始进入青少年期。

进入青少年期的孩子，准备将自己塑造成一个成人，他们的思想和行为表现对家长来说，比以前的几个时期更难处理。

1. 我们在教养青少年子女时，首先要掌握以下两条原则：

· 家长不能强迫青少年子女，青少年子女也不能强迫家长；双方都不能勉强对方做对方不愿意做的事。

· 若亲子沟通或亲子关系欠佳，首先需要改变的是家长。只有当家长有积极的改变时，子女才会改变。

2. 青少年带给家长最大的烦恼是他们的一些不良行为，这些行为的目的可以归纳为六类：

· 引起注意：

积极型——恶作剧、顽皮、打扮出格。

消极型——答应了却不做，忽略分内该做的事。

· 追求权力：

积极型——反抗、不服从、顶嘴、有敌意。

消极型——固执、抗拒。

·报复：

积极型——故意做令家长伤心的事、暴力破坏、粗野。

消极型——用怨恨的眼光看事待人。

·自觉能力不足：

积极型——不守常规，专做刺激性强的事，包括赛车、做危险运动、饮酒、吸食毒品、性滥交。

消极型——轻易放弃、不愿尝试、甘心落后、逃学或用其他种种方法逃避，包括饮酒、吸食毒品。

·表现优越感：

努力追求最高成绩、最高荣誉；看不起家长和别人；用优越感和别人对立。

·寻求同辈接纳：

花费大量的时间和努力去做种种事情，以寻求同辈广泛的接纳。

上述六类行为，在成人社会中也经常可以遇到，若是轻微的情况是可以接受的，尤其是第五类、第六类，在工作环境中其实是必需的行为，只是不可过分。这里所指的是青少年负面的、不负责任与不顾后果的表现。

3．针对家长对这六类行为的反应，青少年通常会做出以下的回应：

·暂停。不久又再犯，或者改变方式去做同样的事。

·抵抗。或是表面屈服，内心抵抗；或是越强制越顽强地反抗，直到家长让步为止。

·不理会。继续其行为，不论家长怎样反应。

家长处理以上六类不良行为，较为有效的方法是：

·针对“引起注意”：

故意不理其不良行为，不要有求必应，但要密切地注意和表扬其积极正面的行为。

·针对“追求权力”：

不跟他斗，保持平静；家庭中的决定，让他参与、合作。

·针对“报复”：

避免处罚，运用多种方式重复表示孩子其实受人喜爱；处处以信任建立关系。

·针对“自觉能力不足”：

对孩子不断地鼓励，避免批评；引导孩子参加正面而容易显示力量的活动，尤其是能够增加其责任感的活动。

·针对“表现优越感”：

引导孩子明白真正的优越是不断地超越自我而不是把别人压下去，并强调与别人一起合作才有真正的成就和更多的得益。

·针对“寻求同辈接纳”：

引导孩子认识自我价值（自信、自爱、自尊），定下值得交往的朋友的标准。

4. 概括地说，青少年的问题多是因孩童时期的成长过程中，家长对其教养的方法不恰当而产生的，家长必须下定决心改变教养方法，才会有效果。下面几点，家长应该注意：

·不能期望短时间有效果。家长必须耐心地坚持正确的做法，直到孩子自觉应有所改变，真正的改善才会出现。

·家长应提醒自己扮演孩子朋友的角色，这比处处强调家长的权威更有效果。

·家长与孩子日常的沟通方式及生活中的配合，需要认真地检讨。这一点请参考书中“亲子关系十个基本要诀”。

·家长刚开始改变教养方法时，孩子的不当行为可能会变本加厉。如果家长坚持改变，孩子就会慢慢地察觉到老方法没有用，于是就会产生顺应改变的动机。

对已进入青少年时期的孩子，家长应以帮助他建立以下的信念及行为模式为目标。

表 3–2　青少年的正确信念及行为

状况	信念	行为
与群体的关系	我有所属，因为我对群体有贡献。	助人，合作，参与家庭事务的讨论、决定及执行。
对自己的人生	我可以自己做决定，也对自己的行为负责。	自动自觉地做事，丰富自身内涵。
与别人的相处	我与人配合，我也有平等权利。	寻求自己的权利与义务，同时也尊重别人。

（续表）

状况	信念	行为
面对冲突	我可以从冲突中退出，也能以自敬和敬人的态度处理事情。	不理会他人的挑衅；接受他人意见；发现自己有错时会承认和道歉。

四、帮孩子建立自信的技巧

一个人在这个世界维持生存的基本原动力，是他的“自我价值”。简单地说，“自我价值”就是一个人的自信、自爱和自尊，其建立的过程也依此次序：先建立自信，自爱才能建立，然后自尊才能跟着建立。

自信就是信赖自己的能力，是自爱、自尊的基础。自信的简义是“我相信我有能力”。这种能力是人们可以取得人生里所追求的成功快乐的能力，它包含三点：一是对事物的认识；二是对事物关系的尊重；三是对自己与事物的界限的了解。这三点做得越好，孩子的力量使用出来就可以更有效果，所以能力是自信的基础。一个人的能力可以培养出来，有了足够的能力，就能够准确地解读情况里事物的本质、关系的变化，以及本人如何在情况里趋吉避凶。而能力的基础是经验，成功与失败的经验都能提升能力。一次不做便没有经验，做过一次便有一次的经验。所以，让孩子多做事，便是帮孩子建立经验，继而建立能力，再而建立自信的方法。

鼓励孩子多用自身的能力，无论是思考或行为，在种种事情上多肯定他做到的效果，孩子便能建立自信。然而，在现今社会的家庭生活中，妨碍孩子建立自信的行为比比皆是，例如：

1. 只看到孩子的失败，看不到孩子的成功。失败从来都不是全黑全白的表现。

孩子差一分及格，我们只看到这一分的欠缺而责怪孩子，却不会肯定孩子已取得的分数。望子成龙，很多家长会不自觉地把注意力放在孩子尚未做到的2%，而忽略了他已做得很好的98%！我们应该表示注意到他做到的部分，对做了和做得好的地方给予肯定，然后才提及尚未完成或欠佳的部分，并且应以确信孩子有能力把那部分也做得很好的态度说话。

2．代孩子做他本来可以自己做的事，我称这为“代替孩子成长”。很多家长以为为孩子多做一点，例如代他背书包、收拾课本、做带到学校的三明治及午餐等，才显出自己对孩子的爱，其实这会使孩子不能充分地成长。不能让孩子建立起一份完善的自我价值，又怎么可以称之为“爱”呢？孩子可以做的，让孩子做，慢慢地，他注意到自己能做种种事的能力，他与其他同龄的孩子比一点也不逊色，更在某些事上显出超越他们的能力，他的自信便能建立。一个事事要人代劳的成年人，哪里会觉得自己成功、有能力？孩子也是一样！

3．怕孩子冒险出意外，不让孩子去尝试、突破。这种保护会使孩子最终产生事事却步的心态。人生里一些风险是不可避免的，虽然说可免则免，但是在一定程度之内，对安全没有太大威胁的活动，例如爬山、露营，可以培养出孩子在困难环境中照顾自己的能力，更能对孩子的自信心有很大的提升。孩子在家长无微不至的保护中，其实学不到面对挑战时如何照顾自己的方法，将来在人生中独自面对挑战时，付出的代价往往会让他很痛苦。

4．多批评少嘉许的语言。这使孩子难以认识和发挥自己的能力。孩子出生的时候完全没有照顾自己的能力，总带着一份彷徨和恐惧长大。在他成长的过程中需要很多鼓励和肯定，才能建立起对自己成长过程中培养出来的能力的认识和信心。其实无论孩子所做的事怎样失败，其中都有可以肯定之处；他的行为怎样不当也都是有能力的表现。先加以肯定，再帮助他把能力用在家长希望孩子有所提升之处，会省力很多。

5．尊重孩子的想法和说话，让孩子感到有地位，会使孩子更易产生责任感和自律。其实，孩子是家庭中的一分子，家庭的事会影响孩子，孩子也有能力影响事情的结果。因此，让孩子参与和支持家庭中的各种事务是必要的。在参与的过程中，孩子的自信、自爱和自尊最容易培养出来。

其实，一个人在出生的时候，是没有“自我价值”的。“自我价值”是在孩子成长过程中，从每件事中过滤出来的总的结果。他是否有足够的自信、自爱与自尊，决定他人生有多少的成功和快乐、满足和幸福，因此极为重要。

除了上述的建立自信的方法，以下再介绍一些简单易行的建立自我价值的技巧，让家长帮助孩子建立更多的自信、自爱和自尊。

1．帮助孩子根据自己的能力、兴趣和价值观，制定一些切合实际的、让孩子做事的目标，并且不断给他鼓励。在进展好的时候给予嘉许，在进展慢的时候为他打气，分享他的感受，不论悲或喜、苦或乐，更在达到目标的时候充分表现出与他相同的喜悦及满足。如此，孩子会对自己的能力有信心，知道自己的价值，并且会珍惜自己的成就及争取到的地位。

这套做法，不只限于读书做家庭作业，还可以运用在很多生活中的事情上，例如，策划一次旅行、安排一次宴会、参加学校或社会上的一些比赛，甚至为争取家长给他买一件心仪的礼物而做事等，都是很好的训练孩子建立自信、自爱和自尊的机会。

2．日常家庭里的事，听取孩子的意见，容许孩子参与计划及做决定，并且尊重对孩子的承诺，是让孩子建立自己的地位及内心价值的好机会。正确的管教方式是，家长以平等和互相尊重的态度对待孩子。例如，家中的事问问孩子的意见，在做决定时照顾到孩子的需要。若不能接纳孩子的意见，应先向他们解释，以示在乎他们的感受。

3．做错时不加以姑息。孩子做错了而加以姑息，失败仍然得到奖品，甚至为了不想让孩子感到难堪而不对他的不当行为加以斥责，都是妨碍孩子建立自信、自爱和自尊的行为，这样不能使他建立起经过考验才能得到的内心价值。

4．不代替孩子做事。孩子自己会做的事，不可经常替他们做，否则会使孩子养成依赖的个性，无法培养出自尊和自信，不仅不能认识自己的价值，还会欠缺安全感。

5．不以奖励或惩罚操纵孩子。家长用专制的态度对待孩子，经常挑剔孩子的作为，过分用奖励或惩罚来操纵孩子，不信任、不尊重孩子，会使孩子难以培养出自信、自爱及自尊。对这样的家长，个性强的孩子会与之对抗，不能建立起良好的亲子关系；而个性弱的孩子会认为家长一定是对的，因而经常自责，形成自卑心理，或者为了避免引起冲突或受到责备，事事以家长的意愿行事，没有自己的见解或立场。

6. 在自己情绪稳定时斥责孩子。斥责孩子，从来都不应为了消解家长内心的怒气或情绪，而应该为了帮助孩子学习和成长。有时因孩子行为不对，家长在教导时容易产生情绪，而带着情绪教导孩子，这只会使孩子感到家长不过是借骂他来消气。因此，教导孩子最有效的态度是坚定而平静。家长一旦有不良情绪产生，应待情绪恢复稳定时再去斥责孩子。

7. 背后训子。中国传统观念有一条叫作“当面训子，背后训妻”，其实斥责孩子也应该只在两人单独相处的时候做，而不应有第三者在场，如此，他会学到尊严的重要性。“不想在别人面前失礼”，能成为一股很大的推动力，使孩子想做得更出色。

帮助孩子建立自信、自爱和自尊，在孩子年龄很小的时候就已经可以进行。我有一个朋友，我认为他是最懂得为孩子做EQ（情商）教育的父亲之一。我记得几年前找他，跟他一同到外面散步，孩子累了，赖着不走，让爸爸抱，爸爸正忙于跟我谈话，没有注意到，继续走，叫孩子继续跟上。

孩子当时只有3岁，站在原地不愿意再走，脸上一副委屈的表情，眼睛有点泪蒙蒙的，嘴里说着“我不走，我不走”。爸爸觉察了自己的疏忽，马上停止谈话，转回去蹲下来问孩子：“是不是要爸爸抱你啊？”孩子马上点头，眼泪就掉下来了。爸爸就说：“下次碰到这样的情况，你就说，爸爸我希望你能抱我。”他继续说：“你现在就试试看。对我说：‘爸爸，我要你抱我。’”孩子说了，爸爸就马上回应：“我明白了，好。”就把他抱起来，孩子的表情马上变好了。爸爸继续说：“是不是走累了，所以需要爸爸抱？”孩子点头。爸爸就说："下一次你就说，爸爸，我走累了，我要你抱我。现在你说一遍。"孩子重复了这句话。然后爸爸说："你明白了，爸爸很爱你，你需要什么，你说出来，爸爸知道了，就会尽量为你做。因为你内心有怎么样的感觉，你不说出来，爸爸是不知道的，也就不知道为你做什么啦。"

这位父亲的引导教会了孩子要有效表达内心的意思。孩子的情绪是因为他不懂得如何表达能让爸爸明白，当孩子能有效表达并得到恰当的回应的时候，他对这个事情的了解，以至可以做到什么就更有把握，所以他的自信就会增强。

我们继续又走了一段路，在公园里看到有一个年龄比较大的孩子在追赶一条狗，去打那条狗。我朋友的孩子看到这个就大声叫："爸爸，这个坏人，打他。"爸爸明白孩子的内心，看到一个人在打一条狗的时候，孩子内心有愤怒，从孩子的声调、表情都看得出来。所以，爸爸对孩子说："你现在心里面那份感觉叫作愤怒，你可以告诉爸爸：'爸爸，我看到他打这条狗，我心里很愤怒。'"孩子这一次马上就重复了爸爸的话。这个爸爸与孩子之间现在已经建立了一个非常好的教育渠道，就是引导孩子清楚地辨认内心的感觉是一份怎么样的情绪，同时引导孩子清楚表达内心的意思。

很多家长认为自信就是有能力，所以能力是"干活"用的，因此把焦点放在让孩子做什么上来增加他的自信。事实上，比做事的能力更重要的就是有效表达内心情绪、意念的能力。这个能力能够避免很多不必要的负面情绪产生，也因此达到了提升 EQ 的效果。

顽皮是孩子发展神经网络，让自己变得更聪明的途径。

没有任何其他活动可以替代游戏的作用。

与6岁以下的孩子讲道理是没有用的。

“准大人”是最脆弱的，多跟他谈谈，支持他找出新方法。

让孩子多做事，他的行为怎样不当也都是有能力的表现。

在自己情绪稳定时斥责孩子，背后训子。

第四章

让孩子学会照顾自己——心智培养的技巧

亲子关系的出现当然是因为孩子的出生，就是父母已经把生命传下去了。这是人类社会最最最重要的事情，因为没有它，根本就没有人类社会可言。

每代父母都把生命传予孩子，这份“传”是毫无保留的，是来不得讨价还价的，也是超越父母的操控意愿的，比如，只传一部分，或者选择性地传都是不可行的，它应该是完整而绝对地传下去。而孩子把生命承受过来，也是完整而绝对的，没有保留的，也是不可以讨价还价的。生命的传承就用这个方式，在人类的社会里不断出现，从说不清楚多遥远的源头开始到今天、到未来，这样不断地重复着。

生命的传承为的是什么？生命系统有一个核心动力，就是维持系统本身的有效延续：平衡，发展，壮大。所以，每个人的一生都是生命系统这条来无头、去无踪的项链上的一环，为了保持系统得到更好的延续，为了确保这个意义与目的得到最有效的保存，每一个孩子成长的过程，需要得到父母提供的空间和有效的照顾，这空间包含了温暖、安全、力量、爱等。当孩子成长了，或者更准确地说，心理状态成熟了，他就能够发展出最有效的方式，比他父母更好的方式，让生命更好地传下去。做到每代都比上一代更优秀，每代都比上一代发展得更好，更有力量照顾他们的下一代。

保证这份意义与目的就是我们的人身权利：每天可以得到更多的轻松满足，并获得成功快乐的人生。

生命的传承本身可以分为三个阶段：第一，认识异性、恋爱、结婚、组织家庭的过程；第二，生命的传承也就是生命的诞生，以及生产及孩子在家庭里生活；第三，孩子成长的过程，帮助孩子培养出照顾他本人人生的能力。

由此可见，每代父母要为孩子做的最重要的一件事就是帮助孩子培养出能够有效照顾自己人生的能力。这份能力包括很多方面，绝对不只是生活能力，必须包含有效思维的能力，面对与解决问题的能力，有效与人相处的能力，接受和欣赏自己的能力，不断自我提升的能力，以及未来策划的能力。

今天很多家庭还在孩子不听话的问题上纠结。试问：当孩子能够独立地观察、分析、看到很多可能性、做出选择、执行决定；执行的过程中，有效继续，没效改变，对自己所做的事负责任；当孩子能够充分地做到上述过程，家长又何须担心，哪里会有孩子听不听话的问题？所以，脑里有孩子听不听话思想的家长就已经失败了一半。

完全能够照顾自己人生的才是优良的孩子，而这份优良的基础就是我们接下来要讲的孩子必备的十五项能力。

一、人生必备的十五项能力

（一）建立自我意识

1.“自我意识”是心中有“我”的概念。在小时候，我们往往被引导着去跟其他孩子比较，而产生了“我”不如别人的想法。因此，我也不想要这个“我”。

2. 我们也会被引导“要乖，要听话”，如此我们就忽略了自我思考的必要性。

3. 很多家长喜欢用否定、批评、指责，甚至犯罪感、羞愧感来引导孩子，导致孩子在成长过程中产生不想要里面这个“我”的动力。

4. 没有这个“我”，我们就无从管理照顾自己，也没有改变、提升“我”的意识与动力。

5. 没有这个“我”，我们就不能爱自己，也不能对自己负责。

（二）说话达意

1. 说话达意就是有效表达内心的思想意念、情绪感受和行为意欲。

2. 很多家长习惯用指令训导、批判，以至责骂的方式跟孩子沟通，这些方式让孩子不愿意说话。

3. 今天的孩子，在每天的生活里，接触屏幕往往比接触人更多：电视、iPad、手机、电脑，因此没有足够的机会发展出说话达意的能力。这样的人，当事情顺利便不容易产生情绪，但他的内心却时常会变得纠结，因而更难表达，造成“性格内向”的情况。

4. 这种性格内向的人，容易出现以下问题：人际关系弱、自闭、宅男（女）、忧郁、人格障碍。

（三）与感觉在一起

1. 应付生活里的一般事物，我们需要用上意识与潜意识的力量。意识是我们可以觉察的部分，潜意识的力量比意识的大得多，但却不是我们能够轻易觉察的。

2. 意识的力量就表现在我们的理性思维，目的是让我们更有效地处理生活里的每件事，以及在当下所处的情况里，与其他人、事、物的关系。

3. 潜意识一般情况下用感觉来跟我们沟通。潜意识的能力是如此庞大，所以，当我们接受它、懂得有效地配合它时，我们整个人的能力才能得到充分发挥。我们需要跟潜意识在一起。

4. 理性思维固然重要，可是，生活的意义更在于感受。没有跟感觉在一起的人，只凭道理做事，往往花了两倍的力气，而效果还没有一半。

5. 成长的过程中，我们很早就被引导跟感觉分离，而只活在理性思维的环境里。这样的人遇到一点点事情就纠结难受，却说不清楚也解不开。所以会活得很累。

（四）理性感性并重

1. “理性感性并重”也就是一般人说的身心合一。理性照顾

"我"这个人（身体），感性去照顾"我"这个心。

2. 感性也就是负责情绪感受的部分。每一份情绪都有它的意义，明白这份意义，我们能更有效地引导自己做出改变，让自己有更好的未来。

3. 当理性与感性没有联手的时候，便是内心有矛盾与冲突的时候："我"应该去做，可是"我"就没有那份感觉去推动自己去做。

（五）多线思维

1. 多线思维就是一般人说的"从多个角度看事情"。

2. 在孩子成长的过程中，家里让他听话，学校给他标准答案，这些让孩子发展出单线思维。

3. 单线思维就是凡事只有一招，这样的人很容易陷入困境。两招也是困境（停下来就是第二招），这就是我们说的左右两难、进退维谷的情况。要突破就必须有三个或三个以上的选择。

4. 有多个选择就代表有多份能力，越多越好，这就是解决困难的能力。

5. 多线思维能够激发潜能，提升创造力。

（六）从别人的角度看自己

1. 自以为是、目中无人的人，就是欠缺了"从别人的角度看自己"的能力。

2."从别人的角度看自己"的能力是我们人类独有的。这就是意识思维的作用：我在看，同时我知道我在看。

3．自从人类发展出这份能力，人类的发展就快速提升了，以至今天成为世界的主人。

4．缺乏“从别人的角度看自己”的人，可以说是把人回复到动物的思维水平。

5．“从别人的角度看自己”的先决条件是建立自我意识（第一项缺失）。有“我”（独立的我）的意识才注意到别人，然后才能从别人的角度看自己。

（七）解决困难的能力

1．今天的社会，从家庭到学校到职场到社会，当事情不顺利的时候，我们普遍发现很多人都欠缺解决困难、改变情况的能力。

2．听话才是乖孩子、追求标准答案、单线思维等造成了今天很多人欠缺解决困难的能力，再加上缺乏自我意识，很多人觉得需要别人来照顾自己。

3．我们遇到问题，第一个念头是去问问谁，或者是去哪里找答案，而不想自己如何能解决它，这都是上述原因造成的。

（八）面对及处理冲突的能力

1．我们传统文化崇尚“以和为贵”，甚至不惜用任何代价来维持和谐。往往这份和谐只是表面的，让这个人处于被操控的状态。

2．当我们没有自我意识，便不会意识到自己的界限，也因此忽略了别人的界限。当我们没有尊重别人的界限，冲突很容易就发生了。

3. 当我们只有单线思维的能力，同时不能接受事情的结果，我们会重复使用已经被证明的无效的方法，冲突也容易出现。

4. 当我们没有很好地跟自己的感性部分在一起，事情不顺利，产生情绪又不能有效解读它的意义，冲突也很容易出现。

5. 欠缺说话达意的能力，往往没事变有事，小事变大事，冲突就更容易出现了。

6. 欠缺“从别人的角度看自己”的能力，我们就没有办法做到将心比心、同理心等。

7. “以和为贵”是很多家长坚持的信念，在它之下，孩子没有学过在冲突面前如何处理人和事。

（九）对失败及挫折的正确态度

1. 很多家长望子成龙，孩子拿到98分了，还在责备他没拿到最后的2分。这种否定多、肯定少的教导孩子的模式，让孩子不能承受任何失败及挫折。

2. 任何人从不懂到掌握任何知识以至技能，都需要一个学习的过程，过程中每次都可以被看作是失败。人生的事，总不能事事如意，偶有不顺己意，我们也很容易把它看作是挫折。

3. 害怕失败与挫折的人不敢尝试，固守原地，慢慢落后于同辈社会，这将造成人生最大的失败。

4. 害怕失败同时要自己继续做下去，过程中的压力就会很大，就进一步减少了能力的发挥和学习的效果。

5. 因为失败及挫折造成了心理创伤，人就会越来越退缩，这样的人会怕事、不敢担当、不负责任、逃避、内心充满无力感、自责。

（十）面对分离的正确态度与能力

1. 我们中国传统文化喜欢“报喜不报忧”，这种趋吉避凶的态度，让我们没有学到如何面对和处理分离的事件。在面对一些人生里不可避免的“分离事故”时，常常会感到束手无策。

2. 这份分离包括亲友的死亡、与伴侣分手、事业的结束或失败等。

3. 分离是人生里不可避免的事。既然不可避免，而又没有培养出正确有效的思维模式与应对行为技巧，这便成了很多人的人生短板。当这类事情出现的时候不能有效面对分离的人，身心都很容易受到很大的伤害。

（十一）对金钱的正确态度

1. 金钱已经是现代社会绝对必须存在的事物，跟“以物易物”的古老社会生活模式比较，金钱的出现大大增加了生活的方便，是社会进步繁荣的表现。

2.“钱非万能，没有钱则万万不能。”这句口头禅充分显现出钱对我们每个人的人生是何等重要。

3. 有些人厌恶金钱却受它的气，也有些人热爱金钱却成为它的奴隶。两个极端，都不够好。

4. 我们自己也需要学习，同时应该教导孩子对金钱有一个正确的态度。

（十二）感恩的心

1. 今天的社会里，没有父母能够帮助孩子在成长的过程中做到心理年龄跟生理年龄同步成长。

2. 即使一个人踏入社会参加工作，甚至建立了家庭，但如果内心还没有充分成长，就没办法培养出感恩的心态。

3. “恩”是“没有权利得到而得到的东西”。除了父母之外，没有人是“必须”给你什么的。

4. 感恩的反义词是委屈。当小孩感觉到父母没有给他应该得到的，他就会产生委屈的情绪。所以，小孩没有感恩的心态；而成年人不应该有委屈的情绪。缺乏感恩心态的人，在人生的每个方面都会活得辛苦，特别是在人际关系，尤其是亲密关系上。

（十三）对事物的观察与正确判断

1. 缺乏这种能力的人，做事草率、仓促，往往没有效果。当然他们的人际关系及事业和与亲人的相处，都会出现困难：劳心劳力而效果欠佳。

2. 上述十二点，与这份能力有一定的关联，特别是第一点到第五点，是对事物观察与正确判断能力的基础。

（十四）了解本人学习的模式（含学习兴趣）

1．学习并不是只限于学校课堂里的事，而是需要每天不断做的事。

2．传统以及今天的教育制度都强调知识的掌握，可是在如何有效学习、让学习的效果提升这方面，却很少有人研究。如何学习才能够让自己有浓厚的兴趣，更积极、更乐意、更主动地重复学习，也是被忽略的事情。

3．这方面没有做好，人生的每件事都用同一个模式处理，慢慢便落后了，于是事事艰难，人生的整体素质难以有效地提升。物质生活与精神生活也是如此。

4．如果了解本人的学习模式，我们便可以在每件事中吸取教训，学习提升，我们的能力便能与时俱进，驾驭变革。

（十五）有效生活在系统里的正确态度

1．人不能脱离世界上的人、事、物而生存。社会是人的系统，在系统里，如何更有效地生活是一个很重要的命题。

2．当今社会，人们普遍崇尚物质生活，追求财富权势。可物质生活富足的人不见得就有轻松快乐的人生。

3．要有效生活在系统里，我们必须得到别人的接受与尊重。做到这一点，做事都会比较顺利，生活也可以有更多的轻松满足。

4．今天的中国社会，到处都呈现出这份能力的缺失：驾驭人的习惯、取巧欺骗的商业模式、恃势弄权的官员与商人等。

对于人生必备的十五项能力，相信大家已经有了一定的了解了，那么在孩子心理健康发展过程中，它们究竟占据着什么样的位置呢？它们对人们的人生发展有着怎样的重要性呢？无须多言，大家只需看以下的图示便可明了。

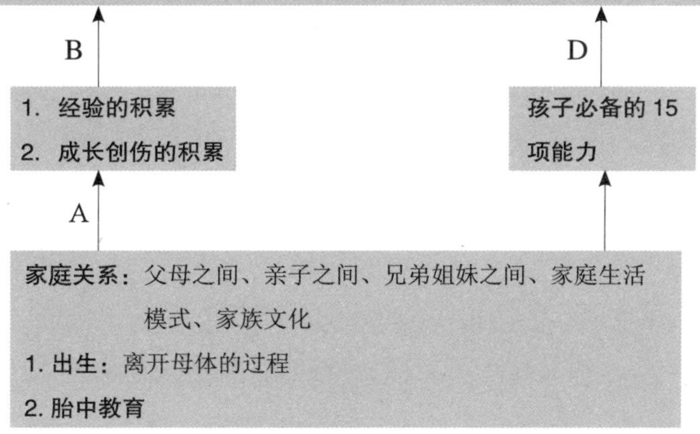

二、能力缺失害己害人

近年来，社会上频繁出现一些令人震惊的事件，如药加鑫杀人事件、小悦悦事件等。为什么人们会变成这样？为什么这些受过良好教育的人却做出这些让人意外的行为呢？到底是哪里出了问题？经过研究，我们得知这是因为他们的心理健康出现问题，缺失了上述的某几项必备的能力。现在我们就来了解几个案例，看看他们究竟缺失了哪些能力，才致使他们做出那些令人意外的行为。

案例一　药家鑫撞人后灭口

2010年10月20日晚于西安，药家鑫驾车撞上骑电动车的张妙，后药家鑫下车查看，发现张妙倒地呻吟，因怕张妙看到其车牌号以后找麻烦，便生杀人灭口之念，遂拿刀对倒地的张妙连捅八刀，致张妙当场死亡。杀人后，药家鑫驾车逃离现场，路上再次将两情侣撞伤。

人生必备的十五项能力缺失对照表

（一）建立自我意识

（四）理性感性并重

（五）多线思维

（六）从别人的角度看自己

（七）解决困难的能力

（八）面对及处理冲突的能力

（十三）对事物的观察与正确判断

（十五）有效生活在系统里的正确态度

案例二　李阳家暴事件

2011年8月底，“疯狂英语”创始人李阳的美籍妻子Kim声称李阳曾多次对她实施家庭暴力，致全身多处严重受伤。Kim表示，李阳平时只给她日常生活的必要费用，且每月只回家一两天，三个女儿完全由她自己照顾。为此，夫妻间经常争吵。Kim称，李阳曾公开表示对她没有感情，与她结婚只是为了研究美国家庭教育而做的实验，这让她很受伤。李阳则说，对妻子施暴的原因是中西文化间的差异和个人修养的缺乏。

人生必备的十五项能力缺失对照表

（一）建立自我意识
（三）与感觉在一起
（五）多线思维
（七）解决困难的能力
（八）面对及处理冲突的能力
（十三）对事物的观察与正确判断
（十五）有效生活在系统里的正确态度

案例三　小悦悦案件

2011年10月13日，2岁的小悦悦在佛山五金城相继被两车碾轧，7分钟内，18名路人路过但都视而不见，漠然而去。最后，一名拾荒阿姨陈贤妹上前施以援手。小悦悦经医院全力抢救无效，在 2011 年 10 月 21 日零时 32 分离世。

人生必备的十五项能力缺失对照表

（一）建立自我意识

（三）与感觉在一起

（四）理性感性并重

（六）从别人的角度看自己

（七）解决困难的能力

（八）面对及处理冲突的能力

（十三）对事物的观察与正确判断

（十五）有效生活在系统里的正确态度

案例四　李磊灭门案

2009 年 11 月 23 日晚于北京，30 岁的李磊从自己的饭馆回到家，跟妻子吵了几句，心中积累的“压抑”在此时爆发，他抽刀刺死妻子，后又将妹妹刺死，之后又刺死家中的父母。杀了四人后，他坐在沙发上哭了四五个小时，又动手杀死了熟睡的两个儿子。法庭上，李磊称自己平时压力太大，为一些琐事杀人，他三求“速死”，对案发现场照片，他含泪坚决不看。

人生必备的十五项能力缺失对照表

（一）建立自我意识

（二）说话达意

（三）与感觉在一起

（四）理性感性并重

（六）从别人的角度看自己

（七）解决困难的能力

（八）面对及处理冲突的能力

（九）对失败及挫折的正确态度

（十二）感恩的心

（十三）对事物的观察与正确判断

（十五）有效生活在系统里的正确态度

案例五　挪威屠杀者

2011 年 7 月 22 日下午，挪威奥斯陆发生爆炸枪击案，事件共有 77 人遇难。该事件的制造者是 32 岁的挪威男子布雷维克。布雷维克幼时被父亲抛弃，生母改嫁给托雷，后来母亲患脑膜炎变成弱智，继父与超过 500 个女人乱性，继姐有至少 40 个情人。布雷维克在事发前写下了长达 1508 页的“宣言”，痛斥家庭破碎的危险性，并称自己曾经 8 次因种族歧视而遭遇殴打。

人生必备的十五项能力缺失对照表

（一）建立自我意识

（三）与感觉在一起

（四）理性感性并重

（五）多线思维

（六）从别人的角度看自己

（八）面对及处理冲突的能力

（十二）感恩的心

（十五）有效生活在系统里的正确态度

案例六　钟文仲杀人潜逃案

2010 年 11 月 17 日晚于广州，钟文仲准备离家外出时撞到邻居陈周佳，陈骂了起来，钟文仲就把她打倒在地，并实施抢劫。他担心被人发现，就把陈拖进屋里，陈拼命呼救，钟文仲就把她绑起来，并用胶布封住她的脸。半小时后，发现陈已经手脚冰凉了。钟文仲将陈周佳肢解，塞进两纸箱扔进河中，然后潜逃。

人生必备的十五项能力缺失对照表

（一）建立自我意识

（二）说话达意

（三）与感觉在一起

（四）理性感性并重

（五）多线思维

（六）从别人的角度看自己

（七）解决困难的能力

（八）面对及处理冲突的能力

（十一）对金钱的正确态度

（十三）对事物的观察与正确判断

（十五）有效生活在系统里的正确态度

三、如何培养孩子的十五项能力

在心智能力方面，家长若不从小对孩子施以恰当而正确的教育，帮助其逐步培养出人生必备的十五项能力，那么他在逐步成长过程中，这方面的能力也许慢慢就会缺失，从而增大他做出各种偏差行为的概率，甚至做出一些偏差行为，正如上述案例中的那些人。因此，家长要特别注重培养孩子的这十五项能力，避免孩子在这些能力方面的缺失，以及由此给孩子带来的负面影响。那么，家长要如何帮助孩子培养这十五项能力呢？下面我们就分别来了解一下。

（一）建立自我意识

1. 我们要建立以下的信念，经常反复提醒自己：在“我”的人生里，“我”是最重要的，有“我”才能肯定我生命的存在。我的生命来自父母，而“我”是独立于父母而存在的。“我”存在于这个世界，假如没有“我”，就什么都没有。有“我”，才能有“我”的界限，才有“我”与社会的界限。

2. 说话的时候多用“我”开始，例如：

· 去看电影好不好？改为：我想去看电影，好不好？

· 这样做不对。改为：我认为这样做不对。

· 你不要这样逼我。改为：我不愿意看到你这样逼我。

3. 每当谈到自己的时候（例如介绍自己：“你好，我是×××”），用随便一只手中间三根指头按住胸口正中的位置，同时注意手按住那个位置的感觉。

4. 经常在心里问自己四个问题：

· 我是谁？

· 我在哪里？

· 我要什么？

· 我正在做什么？

（二）说话达意

1. 多训练本人如实道出内心的感觉，例如：我看到这个情景，心里很不舒服。

2. 多训练自己在说话之前尽量先把语言组织好，以精准为要。

3. 一些比较复杂的意念用纸写下来，自己看看明不明白。如不够清晰，修改再修改，直到能用 15 ～ 20 个字表达清楚为止。

4. 要说话达意，必须先提升聆听能力，多用“心”去听。

5. 多找朋友交谈，特别是谈内心的感受。

（三）与感觉在一起

1. 与感觉在一起就是跟自己的本体感觉充分连接。

2. 多做呼吸放松法。

3. 过去忽略这方面的人应该随时自问，随时自我觉察身体各部分的感觉，例如：我现在左腿膝盖的感觉是怎么样的？我现在胃的感觉是怎么样的？我现在右边耳朵的感觉是怎么样的？

（四）理性感性并重

1. 我们是在理性思维的包围下成长的，所以绝大部分的人是理性重于感性。理性感性并重就是跟本人的情绪感觉有效连接。

2. 理性感性并重可称为理感合一，亦即身心合一。

3. 我们以为我们的理性可以决定很多事情，例如购物，事实上是我们的感性做了决定，理性找理由支持而已。所以觉察我们内心的情绪状态很重要，因为这样我们才能够把自己从冲动决定的模式提升为智慧决定（理感合一）的模式。

4. 有空的时候多做以下练习，在任何一个情景里都可以做这个练习：

第一步：我看到×××，我听到×××，我感觉×××（本体感觉）；

第二步：我认为×××（事实的意义、用途）；

第三步：我现在有的情绪是×××，或我正在涌出来的情绪是×××（注意情绪原来是怎么样的，现在转变成怎么样的）。

（五）多线思维

1. NLP有一句名言最能解释多线思维：凡事总有最少三个解决方法。

2. 多线思维是解决困难、未来策划以及统筹大局的能力的先决条件。

3. 我们不是缺乏多线思维的神经网络，而是从小到大被灌输的限制性信念太多，即神经网络里规条、框架太多，让原有的网络不能释放与发挥，所以打破这些规条框架是提升多线思维的第一步工作。

4. 除了惯用（往往已经无效）的方法之外，停下来也是另一个方法。可是只有两个方法仍是停留在困境当中，打破规条、框架，要先学会挑战它们：

“假如有可能，那个可能会在哪里：什么人/什么事/在哪里可找到？”

“先想一个匪夷所思的，或者绝不可能的方法，然后问自己：要怎么做才可以把它变成可能：找谁/在哪里/怎么做？”

5. NLP的现场抽离法很有帮助，因为它能加强我们从“当局者迷”转移到“旁观者清”的心理状态。

6．多做以下练习：随意找一个目标，例如从广州至上海，让自己想象三个不同的方法可以到达目的地；另一个常用的题目是如何不花钱可以看到新书。想三个不同的方法，想完之后告诉自己，不容许用刚才想到的那三个方法，再想新的方法，如此反复，想三个再想三个，最少重复十次才能停下来。在这个过程中，你会很开心，因为你会开始欣赏自己天马行空的主意，你已经激发了自己幽默、解决问题和创造力的神经网络。

（六）从别人的角度看自己

1．这项能力的缺失根源来自缺乏自我意识。这看起来好像很矛盾，既然不在自己的角度看自己，那肯定是在别人的角度看自己了，为何还会有这个缺失呢？从别人的角度看自己，就好像用一面镜子反照自己，可是当你人不在时，你会看不到镜子，也当然看不到镜子里会有一个自己。（一个极度否定自己的人，甚至不能用双眼看着其他人的眼睛。）所以，培养从别人的角度看自己的能力，先决条件是培养自我意识。

2．可以多做以下的练习，用手按着胸口正中的位置，看着镜子里面的自己，看着他的眼睛，然后对镜子里的自己说：“我看到你了，同时我也能够从你的角度看我自己。”

3．NLP 的现场抽离法是一个很重要的练习，能够提升从别人的角度看自己的能力。

4．从不同的“别人”角度看自己，也就是多维思考能力的运用。这样我们更能够宽容自己，同时会更好地宽容别人，给别人空间。因此，我们的人际关系也会更好。

（七）解决困难的能力

1．解决困难的能力，需要前面六项作为基础，除此之外，还需要一定的心理素质。

2．自信（感性能力），分析（理性能力）。

3．可以用以下方法训练自己，提升解决困难的能力：

首先，想象一个人陷进一个困难的情景，然后，想象本人就是那个人，在那个情景里，用以下意识思维，尝试编出一个解决的行动方案：

5W1H：why（为什么）/when（什么时候）/what（什么事）/who（谁）/where（哪里）/how（如何）。用5W1H来分析、过滤信息。

NLP的理解层次（6层）：系统/身份/信念价值/能力/行为/环境。用理解层次分析问题，可以看清楚问题的表里与深浅的各层次。

（八）面对及处理冲突的能力

1．正确的心理模式是这样的：认识自我→接受自我→爱自我→觉察自我的界限→捍卫自我的界限→处理侵犯自我界限的挑战（冲突）。

2．我们每个人都有捍卫自我界限的权利与责任。

3．捍卫自我界限是爱自己的表现，同时爱自己是不让自己受到伤害，因此不能以捍卫自我界限为理由，而让自己冒受伤害的危险。

4．坚定的同时，温和、冷静地捍卫自己的界限。假如环境不容许这样做，或者其他人不愿意尊重自己的界限，你应该离开这个环境与这些人。

5．决定加入一个环境，或者决定与某些人为伍前，必须先考虑上述因素。

（九）对失败及挫折的正确态度

1．学会任何技术、掌握任何技巧及提升任何方面的能力，都需要一个从“无知”到“熟悉”的过程。这个过程的每一步，可以用“失败”“挫折”的标签来形容，也可以把它们看作是朝着“成功”“熟悉”迈进的每一步。

2．所有人从一次失败或者挫折走出来，都会更成长、更成熟，能够运用从中学到的东西，让自己在下一次的尝试中更成功。所以失败及挫折是让人成长、成熟、成功的经验。

3．如果失败真的出现，我们只能接受，别无他法。而在过程中它出现的可能性会带给我们紧张、焦虑以及无力感。当我们明白上述道理，再提醒自己这份可能性是让我们尽可能把准备工作做得更好。因为准备得越好，失败出现的可能性就会越小。如此，所有的失败与挫折已经变成正面的、积极的、对本人人生有帮助的东西。

4．真正让人抗拒失败与挫折的并不是事情本身，而是我们本来就存在的对自己的否定及资格感缺失。

（十）面对分离的正确态度与能力

分离包含人生一些不可避免的情况：

1．人的死亡、关系的结束、现实生活上的分开，以至一个阶段的完成。

2．任何人的人生里都必有离、合、聚、散。既然是人生里必有的情况，每个人都必须学到面对以及处理这些情况的有效方式。很多人只把焦点放在因此而引起的悲苦无奈情绪上，而忽略了这些人生本相的意义，以至完全束手无策，更会因此而伤害本人的成长、健康，甚至日后的成就。

3．很多人会把焦点放在不愿意接受“分离”的出现上，这是错误的态度，正确的态度是把焦点放在“还在一起”的情况下，我们可以得到的价值与成长。事实上不愿意“分离”是因为在一起的时间里没有拿到足够的、应该拿的东西。

4．不管是人、事或物，在一起的时候唯一的意义就是相互帮助对方成长，当这份意义完成的时候，也就是“分离”的时候。人生里每件事、每个人的出现，都会让自己成长，带着一份感激、感恩的心态，接受所得到的一切，同时在过程里做所有自己能做的，去帮助对方成长。如此，付出与收取有了充分的平衡，该聚的时候聚，该分的时候也就分了，这个才是正确的态度。

5．分离产生的悲痛，表面上很多人以为是因为放不下，真正的原因是如上所述，付出与收取没有平衡，可悲痛的真正意义是要我们感恩相聚时的所得，同时更珍惜现在尚且拥有的其他关系。

（十一）对金钱的正确态度

1. 有人重视金钱，结果一生做了金钱的奴隶；有人看贱金钱，结果一生为金钱所困。

2. 经济条件优越的家庭里，孩子完全没有金钱收入的意识，顶多只有花费金钱的意识。在溺爱孩子的家庭里，孩子的金钱得来太容易，往往很难建立起花费金钱的正确态度。

3. 金钱是人生里面一件很重要的东西，却不能将它作为自己的主人，让自己变成它的奴隶。

4. 对金钱有充分的认识，有正确的价值观，有有效管理的能力，才能够成为它的主人。这份价值观与能力，必须在孩子非常小的时候就要注意培养。

5. 越需要管理得好的人与事，我们就越需要学会尊重他 / 它。

6. 我们如何培养孩子，让孩子对金钱有一个正确的态度呢？让孩子从小就学会如何使用每一块钱；当年龄大一点，让孩子拥有一点自己的钱，同时学会管理自己的钱；到了少年阶段，更要教会孩子开始产生如何赚取金钱的意识与思维模式；到了青少年的阶段，更要教会孩子建立自己与金钱之间的正确的“身份定位”。

7. 成年人要明白，本人最少需要有三种钱：

第一，本人生活所需（衣食住行）的钱；

第二，储蓄增值投资的钱；

第三，游乐享受人生的钱。

这三种钱是最低限度的，到了有充分能力的时候，还需要增加第四种钱——“做有意义的事的钱”。例如，帮助别人、捐款赈灾、社会公益等。

8．在婚姻里，除了上述四种类型的钱之外，还应该有本人的钱、伴侣的钱，以至“我们”的钱。

（十二）感恩的心

1．“恩”是没有权利得到而得到的东西。每天我们得到很多东西，不自觉地以为这是理所当然的，别人的一声问候、同事的一个微笑、朋友的一次肯定，以至无意之中买得一件心爱的小礼物、吃到一碗美味的汤面、用半价买了一个心仪已久的手袋，等等。钱的确可以买到很多东西，可是不管有没有用钱买，我们都应该有感恩的心，因为它们让我们感觉到我们的人生是如此美好。想象你今天在非洲的某一个地方，或者是孟加拉、印度或印尼的某些地方，很多你每天可以享受到而觉得理所当然的东西，在那里你就算有钱也买不到，也许你就会明白我们为什么需要感恩。

2．也许你的父母不是你希望的那么完美，而当你想到有一些人从来没有见过自己的父母时，你就会觉得感恩。

3．幸福不是来自你拥有的东西，而是来自你对你拥有的东西有感恩的心。

4．每当你感觉到失落、痛苦、委屈的时候，请尝试着点算一下你的幸福。

（十三）对事物的观察与正确判断

1. 事物的存在，本身是没有意义的，只有当你看到、听到它们，去跟它们连接上才会产生意义，因为在我们的人生里，我们需要选择对我们最有用的东西，包括可以带来最好效果的判断。所以“观察”是在我们所看到、听到的信息里面找出来的。

2. 观察的根本取向有：

（1）是什么 / 不是什么？

（2）应该什么 / 不应该什么？

（3）好在哪里 / 不好在哪里？

（4）可能会产生什么 / 不会产生什么？

3. 克服我们成长过程中培养出来的单线思维的局限，我们需要确保在观察里让自己看到至少三种可能性，就是要有变化、灵活的空间。

4. 不管做出如何的判断，当你坚持有看错的可能性时，同时也是在坚持“没有看到的、更正确有效的可能性”。这一点能保证我们可以不断学习、不断提升。

（十四）了解本人学习的模式（含学习兴趣）

1. 外面的事物经过我们的眼睛、耳朵等感官，传入大脑，大脑如何处理这些信息呢？ NLP 在这方面有非常足够的研究（详情请参阅李中莹老师著作《重塑心灵》中的“内感官”部分）。

2. 视觉、听觉与感觉型的人学习方式不一样，简单地说，内视觉的人能处理很多细节，可是不够。内听觉的人对逻辑、规律以及细节的学习特别信任，文字方面的学习，内听觉是最棒的，内感觉的人对于要学的东西总有一份很大的感受，可是学习速度会比较缓慢，同时不愿意多言，很少人只有某一种内感官类型，绝大部分是两种至三种的混合。

3．除了内感官之外，还有其他方面需要注意：

（1）你学习的动机是“避开痛苦”，还是“追求快乐”？

（2）学习过程中你的取向是放在视觉的掌握上，还是大局意义的理解上？

（3）你学习的模式是“链子型”（一节一节的），还是“绳子型”（连绵不绝的）？你的记忆模式决定了你的学习效果，你用什么方式记住你所学过的东西？

4．你对以下的哪几个价值动力特别有感觉：

（1）新奇、稀有、与众不同

（2）负责、高难度

（3）挑战、竞赛

（4）提拔本人（让自己优于其他人）

（5）能帮助别人

（6）可以得到别人的肯定、赞美、欣赏、佩服

（7）可以达到更高的精神层面

（8）使用知识——让生活更轻松满足

（9）能够增加未来的财富

（10）开心、搞笑、幽默

（十五）有效生活在系统里的正确态度

1. 国内社会近两年出现很多事，让很多人越来越难轻松地生活，从老人跌倒是否搀扶，到驾车的人不懂礼貌、不守规矩，再到社会中每天发生的大小冲突、纷争。当我们在抱怨没得到该有的尊重时，有可能在另外一件事上我们也没有给别人该有的尊重。

2. 在日本小学一年级的课本里，第一天开课就教孩子不要带给别人麻烦，不要让自己成为别人的负担。

3. 日本社会里的井井有条，过马路遵守交通规则等，一直为众人津津乐道，就跟他们所受到的训练很有关系。

4. “不拿白不拿”“反正没有人知道”“没有说不准，就是可以”“每个人都是这样”等借口，就证明我们没有学到有效处理生活里的各种情况的正确态度。

5. 时常自问：我这样做会不会：

（1）剥夺了别人的权利；

（2）侵犯了别人的界限；

（3）降低受人尊敬和被人接受的程度。

妙言妙法

“自我意识”是心中有“我”的概念。

理性思维固然重要，可是，生活的意义更在于感受。

多线思维能够激发潜能，提升创造力。

“恩”是“没有权利得到而得到的东西”。

要有效生活在系统里，我们必须得到别人的接受与尊重。

第五章

让孩子学会掌控自己的情绪——情商培养的技巧

这一章我们来共同了解一下情商教育的内容，这里的情商教育既包含家长自己的情商提升，同时也包含家长帮助孩子提升情商。具体内容如下。

一、八个要诀，远离表面和谐的“苹果皮”式家庭

很多家庭里，各成员之间的和谐相处，是通过彼此的“忍让”才得以实现的，“忍让”在很多时候也成为维护和谐的唯一方法。事实证明，这样的效果，特别是长期效果，根本不会好。

传统注重的是“苹果皮”式的和谐，外表光鲜平滑，内里却已经开始变坏，甚至已经坏到无可救药。这样的“表面光”只是遮盖着问题，使它一时间不会爆发，但其实往往会让问题在覆盖之下生根、变大，以致引起更多的破坏。

有充分情绪智能的家庭则能够面对彼此的问题，使家庭成员之间形成真正的和谐相处。若想建立这种 EQ 型模式，以下是一些基本

态度和扼要方法：

1. 让个人的信念、价值观和规条有一点弹性。家庭成员中，假如任何一个人的信念、价值观和规条比彼此之间的关系更重要，他们便会开始有分歧、争执，也许会吵架，最终将导致彼此关系出现问题。这就是说，容许自己的信念、价值观和规条有一点弹性，便有可能减少两人之间的问题，增加和谐和互相接受。

2. 让家庭中任何两个人之间的关系里，第一层属性是“朋友”。这就是说，把对方看作是一个你想建立良好朋友关系的人，并且以此为所有说话和行为的基础和依据。如果关系出现问题，能先从“朋友”这层再重新开始，很多问题的解决会相对容易得多。

3. 先处理对方的情绪，才能有效地处理对方的事情。这也就是说，对方这个人比事情更重要。

4. 坚信亲人是最可以分享自己感受的人。对家庭成员说出自己的感受，并容许对方分享自己的感受，往往便消除了误会和争吵的可能性。

5. 认真地从对方的信念、价值观和规条看一件事，才能明白对方为何有这样的感受。老是站在自己的一边声称明白对方的立场，其实是以为自己这样想别人也会这样想，这不能真正有效地了解对方，也就不能有效地解决事情。

6. 保持坦白、诚恳、关怀，认定在家里什么事情都可以谈。家庭应该是相互信任、相互支持的紧密系统，遇事不谈，是无限误会、猜疑和混乱的起因。

7. 制造绝无压力的相处时刻。平时回避问题，维持表面的和谐，言行中便会无意地产生压力。这种压力若无消解的机会，就只会增加，不会减少，结果是无事变有事、小事变大事。多制造一些轻松的，同时不说抱怨话的相处时刻，是消解的方法之一。

8. 相处时的乐趣在于两人之间而不是两人之外（即其他人、事、物）。这就是说，不能把两人的关系放在其他人和事物之上。一位近代的才女说："但得两情相悦，无星无月何妨。"这句话最能点出其中的意思。

二、家长高 EQ，孩子 EQ 高

情绪在感性范围之内，其产生完全是一个人的潜意识的操作，其过程难以自觉。

与之相比，事情的对错及道理属于理性范围，往往由我们的意识控制。潜意识的能力比意识部分大得多，因此，社会上每一个人都有过这样的经验：知道是对的事，但不能下决心展开行动；知道是不对的事，却总是忍不住偷偷地做。想起这样的情况出现，一般人便感到自己没用，不能控制自己。而一个人若经常有这样的感受，人生当然就不能开心满意了。

产生这种感受的原因起源于孩子在成长过程中，每有负面情绪出现，总是被引导去尽快摆脱，而又从来都没有学到有效的摆脱方法。成年人自己就没有这些方法，所以无法教导孩子。

这样的情况重复出现，孩子便感到迷惑：为什么这些不对的感觉经常出现？是否我不能做一个完整的人……进一步发展下去，就会使孩子不信任自己内心的感觉，而要依靠身边成年人的信号决定自己的行动。这种情形格外符合一般家长让孩子要"听话"的要求，因此常常会被鼓励多做。这个过程使孩子无法建立自信，常会让他感到自己不完美，欠缺控制自己的能力。于是，孩子与自己的内心感觉越来越疏远，对处理自己的情绪也越来越感到无能为力了。所以，在成长过程中，帮助孩子培养出足够的情绪智能，会使孩子终生受益。

培养EQ遵循的是它的两点定义：

（1）清楚认识和正确运用情绪去帮助自己。孩子经常注意到内心的感觉，能够随时说出当下的感受，知道自己的情绪状态，并且能够用文字表达出来。还应该使孩子明白负面情绪的正面意义，帮助孩子学习针对情绪的意义，设计出思想和行为，从而使自己提升。因为每有负面情绪我们都会想做点事去摆脱它，所以负面情绪其实就是动力，问题是如何去运用它而已。

（2）了解和分享别人的想法和感受。这也就是同理心（Empathy）的定义。我们多去了解和分享孩子的想法和感受，孩子自然也会对别人这样做。如此，孩子会成为很有人缘的人，对其他人有爱心，又有包容别人、谅解别人的能力。前面提供的EQ型处理孩子情绪的技巧便是为此而设。

当然，孩子在充满EQ的环境中成长，才能发展出足够的EQ，所以家长需要以身作则，做出示范。

三、处理分离、冲突和责任问题的EQ智慧

（一）与心爱的事物分手

英文谚语说："From Ashes, To Ashes."（"空手来，空手去。"）指

的是人出生时手无一物，死时也是尽舍而去。但是从小时候开始，我们便被教导怎样为自己争取更多的东西，于是占有欲成为人类典型心态的一部分。占有多少和占有什么往往被当作决定一个人成功程度的指标。

事实上，世界上任何事与物，不可能永恒不变。一段感情、一件心爱之物、身边的人，总有分离或者终结的一天。对于因放弃或结束本有的事物而引起的情绪，一般人绝少做过思考，也几乎没有机会学习，故此不知怎样处理。一些人甚至会因为一个亲人的逝世，或者某件事情的中断而影响到终生的成就、性格和生活素质。其实，在孩子很小的时候便可以进行这种处理情绪的教育。

例如：孩子心爱的玩具，因为意外或者其他原因被摔破或弄坏了，孩子往往会伤心哭泣，这时便是进行这类教育的最好机会。

孩子的价值观与成人的不同，尤其是几岁大的小孩子，他们对时间与金钱的价值没有任何意识，所以对他们心爱的东西的感情和钟爱，不会受金钱价值大小的影响，一件花十元钱买回来的玩具，可能是孩子最心爱的，一旦摔破了，他的悲伤不亚于一个成年人一下子失去了价值数百万元的东西时的感受。家长往往不明白这一点而对哭闹的孩子说：“别为这么不值钱的一点小东西哭了，明天再买一件给你。”这样的言语无法令孩子感到家长能够了解他们内心的苦痛。

孩子因摔坏价值十元的玩具而伤感，便说明那件玩具的价值对孩子来说是巨大的。家长应该肯定他的情绪，尊重和接受孩子的情绪，并且可以用以下类似的话给孩子肯定的感觉：“你这样伤心，一定是因为你很喜爱这件玩具。来，坐在我身边，告诉我你现在内心的感受。”

在引导孩子说出他内心的情绪感受后，家长便可以向孩子解释，使孩子明白以下的道理：

·世界上所有美好的事物，都有别离的一天。

·与那些美好的事物在一起的时候，应该好好地对待它，同时也要好好地享受它带给自己的好处，珍惜与它在一起时的乐趣。

·在事物离去后，把那段回忆好好保存起来，并且总结和体会个中的意义，以帮助自己建立更快乐成功的未来。

例如，孩子非常喜爱的一件衣服，但因为人长大了，衣服已经过于瘦小，穿不进去了。这时应引导孩子这样思考：这件衣服陪伴你两年了，这两年里它不单给了你温暖和保护，而且还让你得到了很多人的欣赏和夸奖，因为它穿在你身上特别合适、特别漂亮。这件衣服用最好的方式陪伴你成长，因为有了它，你这两年才多了快乐和满足。可是，你需要继续成长，而它不能成长变大，所以，它能够为你做的已经做完了。你今天把它穿在身上，得到的已经不是别人的欣赏和夸奖，而是嘲笑和怀疑了。他们笑你穿的衣服不合身，怀疑你是否愿意继续长大。所以，跟它分手的时间已经到了，让我们为它做个安排，让它能够帮助另一个有需要的孩子长大，继续被欣赏、被宠爱。你可以对它为你所做的表示感谢，告诉它你把它放在心里，使它继续在你的心里帮助你长大，每次回忆它你都很开心。告诉它我们为它做了安排，让它得到另一个孩子的爱护。

若要分手的是心爱的宠物，或上述的衣服因为破烂不能送人，可以安排用盒子把它装好，帮助孩子写一封告别信，做个类似上述的告别仪式，找一个隐蔽地点埋了，也可以采取火化之类的方式。

（二）化解与他人之间的冲突

世上没有两个人是完全一样的，因此没有两个人对同一件事物的看法会一样。如果有人坚持要对方接受自己的看法，冲突便会出现。有些人经常与他人发生冲突，令别人不想与他接近。

但是冲突本身未必不好，世界上很多的进步、人与人之间的深入了解，往往都是因为看法不一致引起冲突才带来的。因此，不顾一切地避免冲突，往往只会得到负面效果，也不是一个具有完整性格的人所应有的态度。反之，敢于面对冲突，进而掌握妥善处理冲突的技巧，才能使一个人更成功和开心，才会进一步得到别人的敬重。这种态度及能力，在孩子很小的时候便可加以教导，而最佳的时机莫过于在家长之间发生冲突的时候。

当家长之间因某些小事而意见不合，导致关系紧张时，一般家长往往企图在孩子面前表现得若无其事。其实，孩子十分聪明，他们内心所感受到的远比家长意识到的多，只是孩子见到家长表现出的态度，觉得不应将事情揭穿，所以就故意装作若无其事。其实这个时候，孩子的内心往往有彷徨无助的感觉，感到忧虑、担心，并因此很容易对所发生的问题做出错误判断，进而建立妨碍性的信念及行为准则，使他日后面对冲突时不能做到最有效的处理。例如，避免面对事情真实的一面，拼命掩饰自觉的不恰当的行为或感受，在出现冲突或被质问时做出使情况变得更坏的反应。

因此，当家长之间有轻微冲突出现时，不必在孩子面前回避冲突，只要遵守以下的原则及做法，孩子就会有很多的得益：

· 说明双方产生意见的正面动机。例如："我认为应该这样做，因为这能让全家人多一点时间休息。"

· 在冲突中避免人身攻击及使用不适当的言辞或行为。例如："你这个人真没良心！"

· 尊重家庭成员之间的关系与信任。例如："我相信你这样做是为了大家好。"

· 表现出妥善解决事情的诚意。例如："我的确认为有比这样更好，而且你我都可以接受的方法。"

· 在冲突之后双方达成妥协或一致意见时，在孩子面前用行动表现冲突的结束。双方可以用语言或行动对结果表示满意。例如：说多谢对方的让步，握手、拉手或者拥抱，改变语气、面露笑容等。

（三）承担责任

孩子在成长过程中，若得不到足够的肯定、鼓励和支持，便不能充分地培养出内心的自我价值。成长后，当他对自己的能力和价值认识不够清楚时，便会害怕被别人察觉自己对某些知识的不足，或不肯承认自己的错误。这样的人，在群体中难以受人敬重；在工作中的表现不会突出；在自己的人生中，也会有很多的担心、无奈，并往往不能面对现实。

家长帮助孩子培养出足够的自我价值，除了鼓励孩子拓展自己的想法和敢于冒险尝试、对孩子做得好的事予以嘉许之外，还可以引导孩子勇于承担责任。家长更应以身作则，让孩子感受到承担责任是正确的做法。例如：家长偶然说错了一句话，当家长察觉时便应坦然地说："对不起，我刚才说错了。"

又假若家长无意中做了一件伤害孩子的事，当察觉时，家长可以诚恳地、带着歉意地说："对不起，刚才无意中伤害了你。"

诚恳及带着歉意的态度才是承担责任的真正表示，道歉的言语只不过是一种配合。只说出道歉的话而没有那份诚意及抱歉的表情，孩子会觉得家长虚伪而不能改善心里的感受。假使他学会同样的行为，他日与同辈相处时，便不能得到别人的尊重和真诚相待了。

孩子看到家长勇于承担责任，那么当他自己犯了同样的言行错误时，便会模仿家长做出同样的行为。一旦形成习惯，孩子会明白：承认错误是生活中正常而且有用的行为，因为这样做更会得到别人的尊敬和谅解，孩子会更勇于突破、发挥自身能力和提升自己。

容许自己的信念、价值观和规条有一点弹性。

坚信亲人是最可以分享自己感受的人。

在家里什么事情都可以谈。

了解和分享别人的想法和感受。

孩子对心爱之物的感情和钟爱，不会受金钱价值大小的影响。

家长之间发生冲突之后，在孩子面前用行动表现冲突的结束。

承认错误是生活中正常而且有用的行为。

第六章

从感官训练入手——智商培养的技巧

现在应试教育制度让孩子的学习压力很大，孩子每天把很多时间都花在做学校的作业与温习功课上，以致没有足够的时间发展其他方面的能力，包括去玩对孩子成长非常重要的游戏。我研究下来发现，今天的教育制度里面，孩子需要承担的学习任务是过重的。可是，因为教育制度是每个国家、每个社会里极为重要的事，改变不容易，而且也不会来得很快。所以，我们企望学校减轻孩子的学习任务是不切实际的。可是，每个孩子拥有的力量事实上是很庞大、很足够的，只是绝大部分的孩子在成长的过程中没有发展出足够好的学习能力。我的意思是说，孩子还没有运用到他全部拥有的力量去做好学习工作，因为他没有被教导如何将这些力量转化成具体的、对学习有帮助的能力。

我们把这些能力统称为智商（IQ）。细分高IQ所需的能力，我们发现其中有各种不同的能力，包括视觉观察能力、聆听能力、感性接受信息能力、记忆能力、有效表达能力。这些能力的综合效果就是孩子的理解与分析能力，即IQ。事实上，这些能力都可以经由一些简单的训练培养出来。在这一章，我将介绍提升以上几种能力的练习方法。

家长必须记住，孩子做任何事时感到有乐趣才会做得快、做得好，学习更是这样。所以安排这些能力提升练习的时候，尽量把它包装成孩子与家长同时参与的、开心的练习，用游戏竞赛的方式让孩子乐此不疲。事实上，家长做到这点后，也会发现自己与孩子的关系变得非常和谐、融洽，家长本人也会享受这些练习。其实，这些练习可以帮助家长和孩子共同提升 IQ。下面我们就具体来看看这些练习。

一、用心看，提升孩子的观察力

练习 1：车牌号竞赛

与孩子坐在路旁或者车里的时候，与孩子挑战，看看谁能抢先说出从身旁开过去的汽车的车牌号。注意，当家长在开车的时候，请避免玩这游戏。

练习 2：闭眼说画

在任何情况，家长对孩子说闭眼，孩子需要马上闭眼，然后孩子需要说出闭眼前他看到的事物，以及细节。当孩子说了全部能说的，可以让他睁开眼睛五秒钟再闭眼，再增添细节，如此重复三次。然后换一个地方，换一个环境，轮到孩子叫家长闭眼，这时家长也做同样的事。两者中，谁闭眼后说出的眼前事物的细节多，谁就赢。

二、用脑听，提升孩子的创造力和想象力

练习 1：对话练习

家长和孩子挑选任何题目交谈，在各自开口之前，都必须先重复对方所说的话，然后再说出本人的回应。规则：必须一字不漏。当对方重复有误的时候，需要纠正，当对方不能重复的时候，本人可以再说一遍。

记住，两人都需要这样做。

练习 2：听话说画

家长和孩子中，一方闭上眼睛，另一方用五句话说出任何生活经验，然后停下来，让对方用这五句话在脑里塑造一些景象，并将脑中的这些景象用自己的语言描绘出来。然后再说五句话，让对方再次根据这五句话想象，并描绘想象的景象。

这个不是比赛，而是练习。可以鼓励孩子创造性地思考，提升孩子的想象力。只要孩子能说出他想象的景象，只要这些景象与所说的生活经验的细节有些许关系，家长都应该进行鼓励嘉许，这会让孩子更有参与热情。

三、用“感同身受”提高信息接受力

练习 1：感同身受

看到人或者动物的时候，想象自己在他 / 它的位置，感受他 / 它当下的内心感受，说出这种感受。家长和孩子都可以这样做，然后分享感受，再讨论感受里面的不同。

练习 2：放大感受

每当聆听别人讲话、好听的歌曲，或者观看喜欢的电影、电视剧的时候，张开一个手掌紧贴着按着胸口。这样做会发现所收到的信息能在内心产生更深的感受。

四、提升记忆力，不妨试试用脑“拍电影”

练习 1：共创故事

随便一个人先开口，说出第一句符合主题的句子，然后第二个人接下去，配合第一个人设置的情节，把故事延续下去。每人说话不得超过三句，每人接过来的时候，必须先重新说出已经创造的全部情节（从开始第一句起）。这个游戏在“交出—接棒”超过 20 次后才能够停下，重新开始新主题。

最常用的两个主题是：

（1）“有比这个更惨的吗？”

（2）“有比这个更好的吗？”

举例：

A：我今天上班，跳上了公交车才发现忘记了带钱包，有比这个更惨的吗？

B：我今天上班，跳上了公交车才发现忘记了带钱包，被赶下公交车才发现一只鞋子落在公交车上，有比这个更惨的吗？

A：我今天上班，跳上了公交车才发现忘记了带钱包，被赶下公交车才发现一只鞋子落在公交车上。当时天在下雨，我手上还拿着20公斤重的包裹，有比这个更惨的吗？

B：……

其实，说到提升记忆力，我想起了我亲身经历的一个案例，在这儿说出来，也许能给大家一些启示。

我还在香港居住的时候，有一次我陪妈妈去一个好朋友的家里，我是顺便拜访，妈妈就留下来在他家打麻将。我的计划原是麻将开始了，我略坐一会儿就告辞。后来因为一件事，我多坐了差不多一个小时。

在打麻将的时候，他们谈到屋主（妈妈的朋友）的儿子，说是个神童，记忆力特别好。我一直都对研究孩子学习与记忆力很有兴趣，就想多了解一下，所以我就坐在旁边听他们谈话。这个屋主也很骄傲："我的孩子的记忆力真的很好，我都怀疑他是不是智商特别高。"这个时候，屋主的太太准备为客人做晚餐，就要孩子出去买一些东西，所以她就对我们说："你看看，我做一个小测试，让你们知道我的孩子多厉害。"她把孩子叫出来，孩子10岁左右，不太说话，可是看他的眼睛就知道他是挺机灵的。

屋主的太太对孩子说："我要为今天的客人做晚餐，所以我需要你帮我买一些东西。"孩子说："好，我有时间。"屋主的太太就在我们面前念了一连串的东西，我现在记得有：1. 先去一个王大哥那里拿一本书回来，是屋主的太太上个星期借给他看的，说好今天还，现在屋主的太太要看了，所以要孩子去把书拿回来；2. 去一家在天零路上的店里买一些杂货，包括：一瓶男乳（广东珠三角地区的一种特别的腐乳），一瓶金龙牌酱油，还有六个松花皮蛋；3. 到菜市场买两斤活虾、三只红蟹（一种南方海域产的海鲜）；还有一些其他东西，我想不起来了。我们发现这个孩子没有用纸把这些写下来，等屋主的太太说完，他就重复了一遍，然后说："行了，给我钱。"他就出去了。大家都问她："刚才你要他买那么多东西，他不会错，不会漏掉吗？"屋主的太太说："不会，从来都没事的。"

差不多一个小时之后，孩子回来了，两只手拿着很多东西，屋主的太太就在我们面前检查了。真的完全正确，没有买错，也没有漏买。大家都很惊讶，问这个孩子："你是怎么做到的，记忆力这么厉害？妈妈说一遍，你就完全记得了？"

孩子说："这个很简单，妈妈说要去王大哥那里拿书，我就记住王大哥，我知道他住在离这里100米的地方，我经常到他家里玩。王大哥的鼻子很大，我就记住王大哥的鼻子，把鼻子变成一本书的样子，上面就是两个很大的鼻孔，我就想着那两个鼻孔由一本书变化成两个圈，现在鼻梁是一根棍子，加上书上的两个鼻孔，这时我就看到一个天平，天平两个托盘是两个零，我用这个记住天零路。走到天零路那里，我就找到了那个店，我和妈妈经常去那里。左边这个零里面我看到有一个男人，泡在牛奶里面，这个就是男乳，然后我就看到牛奶里面出来一个东西把这个男人吓得半死，接着我就看到一条金色的龙从里面跳出来，它跳到另外一个圈里面，里面都是泥浆，它掉到那个里面就见不到了，慢慢地上面冒出来一层油了，我看到好像水煮鱼的油，我看到金龙在里面煮熟了，这时那个龙生了一个蛋，这泥浆又把鸡蛋变成黑色的了，鸡蛋慢慢长一个角出来，好像一个'6'字，对我来说这个就是个黑色的蛋，我就知道是妈妈要我买六个松花皮蛋，因为我们家只吃皮蛋，不吃别的蛋。最后我知道还有一件事要做，一般来说跟妈妈出去，最后都去市场的，所以我回家之前要去市场。"

大家问："那去市场买两斤虾、三只红蟹，你怎么记住的？"孩子说："这个容易，三只螃蟹的螯，每两个螯就抓住一只虾，每只螃蟹中间有两只虾，就是三蟹两虾。这只螃蟹不停地变颜色，终于变到红色停下来。所以我就看到三只红色的螃蟹，每只螃蟹中间有两只虾，都是螃蟹抓住的。然后，我看到这些都放在碟子上，是今天晚上要吃的，所以我知道我要回家了。"

所有的人听到都觉得很惊讶，原来他把要做的事变化成故事去记忆的。屋主说："不是故事，是电影。有颜色，有味道，可能还有声音，不像电影吗？变化不断，而且意想不到。"所有人都在夸那个孩子，孩子有点不好意思，可是屋主和屋主的太太嘴角的微笑让我知道他们内心很得意。孩子回到他的房间的时候，所有人的手和嘴都没有停："你怎么训练你的孩子，怎样教他的啊？这个学校没有教的。"

屋主说："对，学校没有教的。他小时候，我总喜欢跟他玩游戏，他三四岁的时候，我跟他坐车也好，开车也好，看他能够一口气记住多少个车牌。每个车牌都是一串数字，很难记住的，开始是硬记，后来偶尔我就教他把数字变成动画，比如'1'就是棍子，'2'就是天鹅，我用这个方式来教他，他慢慢就懂得用串故事的方法来记忆了。他学会了这个方法后，经常就能赢我，而且为了要赢我，他还想出来更多串故事的方法，我很快就斗不过他了。所以，后来我只好又跟他打另外一个赌。

"我们走一条马路，他看左边的店，我看右边的店，然后我们就坐下来，说说各自看到的第一家店里有些什么东西，但是到后来，即便用这个方式我都斗不过他，就要他让我了。他要记住 20 件东西，而我只需记住 12 件，也就是他记住的件数比我记住的超过 8 件才算赢。我们更可以回到那个店，来核实是不是准确，我们这样过了很多个周末，很开心。"

大家又问："现在还有吗？"

屋主说："现在没有了，我早就斗不过他了，放弃了，可是他的记忆力就这样建立了。所以他的学习，记课文、记老师的讲话都很快，他说他总是在脑袋里面拍电影，然后给每个电影起个名字，这样那些东西就能很好地储存在他的脑子里啦。"

大家问："这些除了提升记忆力外，还有什么好处？"

屋主说："我的儿子说话不多，可是很有自信，他话不多是因为他脑袋里面在想，嘴巴不需要说话，他一面听一面看，脑子里一面拍电影，他看很多事情都比环境里的其他人看得更清楚，因为他比环境里的其他人看得更多，听得更多，所以他是很有自信的。”

看过这个案例，各位家长在提升孩子的记忆力方面是不是能受到一点启发呢？

每个孩子拥有的力量事实上是很庞大、很足够的。

孩子做任何事时感到有乐趣才会做得快、做得好，学习更是这样。

第七章

多管齐下更有效——提升学习力的技巧

一、在学习中多用内外八个感官

今天的教育制度，只是在不断地提醒甚至强迫孩子必须把书读好，但是怎样做才能把书读好呢？似乎除了勤奋地多读几遍书外，没有更好的方法教给孩子。很多学校，更以量多及填鸭式的教学为宗旨。孩子需要背诵很多课文（以为这样就是把内容记忆下来了），家长会让孩子即刻去背；若总是不能背熟，则会要求孩子牺牲玩耍时间再去背；若还是不成，孩子只有迟一点睡，或是更早起床去背；这样若还是背不下来，没有办法，孩子蠢，只得认命！

细心分析以上的模式，不难看到以下几点：

这种只是一遍又一遍重复读书的方法，用增加时间去达到目标，而没有研究“读”的方法是否有效，如何提高效率？

这样的读书方法及过程沉闷枯燥无比，不要说小孩子，任何一个成年人都受不了。不能集中精神、抗拒和逃避是意料中的事。

没有两个人是一样的，因此也没有两个人的学习能力一样，而传统教学方式，则假定一套方式能使所有人都学习得好。

就算用这个方法学得到，也只不过是把课文记忆到默写或考试之日。多少学生能背诵一年之前读熟的课文？绝大部分成年人都会承认，读书时背熟的文章都已经“交回给老师”了，更不用说把学到的应用在人生里了。记住了文字的排列组合与吸收文章的意思是两回事，哪回事更重要？

1904年法国心理学家比纳（Binet）首创“智商（IQ）测验”，从那时起，人人以为智商是衡量一个人智力的标准，每个人的智力高低可以凭智商测验而得知。1993年美国哈佛大学和波士顿大学的霍华德·加德纳（Howard Gardner）教授首先提出人的智力其实不止一种，而是有七种之多（1998年增至八种）。因此，有些孩子对学习语言很敏悟，但数学的功课却做得很差；另一些孩子在运动上很成功，但是学音乐却十分困难。

霍华德·加德纳的理论更能解释在现实中出现的现象，于是他的理论在今天已经成为全世界教育改革的主流理论基础了。

从外界经五个外感官接收到的信息传入大脑后，我们储存及运用这些信息是需要内感官参与的。外感官有五个，而内感官只有三个。

表7–1 外感官与内感官对应表

外感官	内感官
视觉	内视觉（在脑里看到）
听觉	内听觉（内心听到）
味觉	内感觉 （内心找到气味、味道、冷热、粗滑等的记忆，包括本体感觉、空间感觉和内心感受等）
嗅觉	
触觉	

内感官使得我们能够把对世界的认知系统性地储存起来，因而能够有效运用，而运用的目的便是使我们对每天每时的生活处理得更有效率。当你见到一个人的时候，你看到他的外貌、听到他的说话声调，感觉到他手的温度、力度和握手模式。这些资料储存在脑里，每次碰到类似这个人的外貌或者声音时，你的大脑都会把这个人的资料调出来，供你判断面前的人是否就是这个人。你的大脑也许会提取几个类似的人的资料让你选择。

假如这个人有些特别的地方，例如幽默风趣，或者严肃古板，在某些环境中有类似的情况出现时，你或许会想起他。这时，他的资料便又经由你的内视觉、内听觉和内感觉而呈现。同时，你对这个人的一份情绪感觉也会呈现。因此，你对这个世界的认知，也就是世界对你而言，便是凭内视觉、内听觉和内感觉而存在的。

事实上，每个人的学习与记忆，都要用到脑中的三个内感官系统：内视觉、内听觉及内感觉。在思考和学习过程中，有些人多用内视觉，可以称为视觉型；如此类推，还有听觉型、感觉型。听觉型的人习惯用语言文字思考、学习及记忆，最适合传统的读书方法。他们喜欢看书，多读几遍便能记得。而视觉型最没有耐性，不肯重复地读书。感觉型的人在思考和学习中注重感受，如果不能把所读的内容化为心里的感觉，读多少遍也记不住。

孩子从出生至 12 岁的这个阶段，学习能力比成年人强很多，只要明白他的脑的运作模式，再做相应的配合运用，每个孩子都能学习得既快又好。脑的能力越用越好，孩子也会学得越开心，学得越快，由此得到肯定，他便越学越起劲，越起劲越能学得好，形成一个良性循环。

今天，很多人都批评教育制度不够理想、学校对学生的要求过分、安排给学生的内容在质与量上都不合理、作业太多、老师的授课技巧不足……其实，寄望教育制度出现重大改变并不实际，倒不如帮助孩子找出对他最有效的学习模式，使他学得既容易又开心。这类技巧已经存在，我设计的家庭系列课程中就包括了这些技巧。

二、左脑＋右脑，学习更高效

科学家在20世纪70年代末就已经发现，每个人的左脑都擅长处理文字、数字、分析等工作，而右脑则在音乐、感受等方面更为敏锐。总的来说，左脑主掌理性，右脑主掌感性。当然，左撇子的人，情况刚好相反。

左脑主掌理性，因而擅长分析、逻辑。因此，判断什么应该什么不应该的标准靠左脑，道德的评判也是由左脑主管。右脑主掌感性，感性是不分对错的。光从这点看，感性是危险的，而理性则由于合乎社会法则而备受推崇。

过去数百年来，不论中外社会，都推崇理性而教人克制感性，因为光凭感性处事，容易做出他日后悔的决定。所谓深思熟虑，便是指用理性反复思量。

我们习惯了教导年轻人“不要太冲动，应该分析清楚”，很多地方的学校，比如香港，中文、英文、数学等的科目比音乐、美术、劳动、体育更受重视，这些都显示出扬“理性”抑制“感性”的风气。

今天对脑神经学及心理学的研究指出，感性所扮演的角色非常重要：

·人生中没有任何决定可以只凭理性做出；

·感觉往往是深层、复杂的计算结果，比理性层面的计算更为重要；

·感性与理性配合运用，才能达到人的智慧和能力的最高境界。

左右脑的配合，原来是分不开的。例如，一般人以为音乐属右脑的范围，其实右脑负责旋律，而每一个音符的辨认，属左脑的工作。又例如文字工作原来以为属左脑，如今发现左脑只是在辨析每一个字的意思，而理解整篇文章的意义仍靠右脑。右脑的功能还包括创作力和幻想。

左脑的分析只可以得出已知的结果，若要有突破，则需要右脑的参与。孩子在7岁之前，用右脑为主，多幻想与直觉；7岁之后才用左脑学习。7岁之前的孩子不能明白抽象推理式的思考，所以跟他讲道理是没有用的。但是7岁之前的孩子幻想能力很丰富，脑子里整天都充满着荒唐的景象，这其实是帮助孩子的大脑发展出最基本、最重要的能力：创作、突破、整体的感觉。7岁之后孩子才发展理性思考的能力。由此可见，理性的思考能力，需要以感性的完善和发展为基础。

现在国外的教育改革，强调儿童的右脑训练要与左脑训练并重。其实，我们成年人，同样需要注意在处理任何情况时，让理性与感性并重，如此效果才会更好。

三、要想学得快，多用内感官

从学习的角度看，三种内感官之中，以内视觉学得最快，内感觉学得最深刻，而内听觉的学习能力是最弱的。因为在学校的学习必须运用文字，故此非用内听觉不可。传统的学校教导学生学习的方法，便是只强调运用内听觉：不断重复地阅读或背诵课文。

我们先来看看三种内感官的学习效果。当你念“床前明月光”这一句诗的时候，你只可以一个字一个字地念。念得快一点是可以的，但是如果太快，你的咬字发音可能就变得不准确了，而对方也会听得不清楚；如果两个字混为一个音，那就会变成另一个字甚至另一个意思，也许会变得没有意思了。你也不可以把五个字的组合随意改变，如果把这句诗念成“月前床光明”，则会变成与原来很不同的意思，而诗的味道也没有了。

如果我要你把这句诗从尾到头念一遍（不许看着文字），你会感到很困难。事实上，你要求任何一个人把他家中的电话号码从尾到头地念一遍他都会觉得十分困难，一般人们会想象在空中把号码写出来，即在脑中看到号码，一面“看”着，一面从尾到头地念出来。很多人有这个经验：用另一种方言或外国语言把自己的电话号码念出来，往往需要先把它写下来看着，然后才能流畅地做到。这些都显示出内视觉的运用。

所以，内听觉的学习（运用）模式是一个字一个字地循序而进，不得同时进行，也不能随便混乱次序，更只能单一方向进行。因此，它的学习速度不能快。

视觉型的学习（运用）模式是怎样的呢？试着想象你来到一个

陌生的地方，推开房门，你只用1/10秒看了眼室内的景象，然后眼睛便被盖起来。现在，要你说出刚才看到的东西，你可以说出很多，往往两分钟也说不完。这证明内视觉可以同时学习很多不同的东西，而且速度很快，没有先后次序的局限。因此，内视觉的学习能力最高。

那么内感觉呢？很多人都不能忘记一些小时候的旧事，例如在小学三年级被老师罚站在教室外，虽事隔多年，而且没有什么大影响，可是当时的感受十分深刻，一生都会记得。更不用说某年的生日蛋糕，与第一个异性朋友的分手，中学或大学的毕业典礼……这些都是感受深刻的记忆。所以说，内感觉学习的效果最好。

就算你能够全部念出白居易的长诗《长恨歌》，也只不过是因为诗中的每一句都能够给你一份情绪感觉，因而能够记得。我们学过的诗词都有深刻印象便是这个理由。与此相反，在学校的十多年中，曾经为了考试把多少篇文章苦读牢记，如今都已忘掉绝大部分，就是因为它们基本是只靠内听觉学习的。所有仍能记得的，都是因为有一份浓厚的情绪感觉。

那么，怎样才能运用以上的道理提升孩子读书的能力呢？答案是帮助孩子同时运用视、听、感三个内感官。老天给了我们三部机器，为何只用一部（还是最笨的一部），而不是三部一起运用呢？用内听觉学习的效率最低，而过去又只懂得用“增加时间”的方式去补救，就造成孩子对学习的厌倦、抗拒，更使孩子没有足够的时间玩耍和做其他对他成长也很重要的事情。

以小孩子学习英文单词apple（苹果）一词为例。只用内听觉去学习便是反复串读a-p-p-l-e，一次又一次，而往往眼睛被其他东西吸引，内心也因想着其他事而勾起不同的感受。这样，孩子需要很长的时间才能学会这个词，而且往往记不牢。三个内感官一并运用，可以先让小孩子回想：苹果是什么颜色的（红色），再提醒孩子苹果的滋味（香和甜）。然后，引导孩子想象在空中用一支粗笔写出红色的 apple，教孩子在心中一面“看”着，一面“想”着那香和甜的感觉，再由口中念出 a-p-p-l-e 和 apple 的发音。为了保证孩子确实用到内视觉，叫他看着那红色的字，从尾到头读出 e-l-p-p-a，他一定在心中看到了这个单词，才能如此读出来。

然后，再教孩子不同苹果的颜色和味道（青绿色、酸味），引导他用一支细笔在另一边的空中写出青绿色的 apple 一词，再按照上面的程序教他同时用到内视觉、内听觉和内感觉去掌握这个单词。一个成年人的记忆力，也可以用这样的方式提升。

这样的学习方式，孩子很快便能熟练，以后他便能快速地记牢很多生字。

从这里可以看到，孩子的内感官能力越高越好。怎样帮助孩子提升内感官能力呢？孩子 1 岁至 6 岁是感性学习，即右脑学习。右脑学习最常见的特性是喜欢听故事，妈妈每天说同样的故事，孩子也不会嫌枯燥、沉闷。孩子把这些故事记得滚瓜烂熟，甚至当妈妈说错了，他们还能纠正妈妈，但是仍然乐此不疲。原因是每次听故事，他们都运用视、听、感三个内感官，把故事在脑里“演活”起来。可以说，7 岁之前的小孩子听故事，正是在做脑的运动，把脑的三种内感官能力经反复操练而不断地提高。所以，鼓励小孩子多幻想、多听和讲故事，是帮助孩子成长和提升脑力的最有效办法。

7 岁至 12 岁是左脑学习，道理逻辑是抽象思考的产物，是左脑比较擅长的。7 岁之后，孩子开始发展大脑的抽象思考能力，也就是逻辑分析、道理原因的部分。有了良好的内视觉、内听觉、内感觉的能力基础，这部分才能良好地发育。孩子大脑里的前额叶（Prefrontal Cortex）负责深层分析、解决困难和未来策划的工作。这部分在 12 岁至 18 岁才积极发展，到 25 岁至 26 岁发育才充分完成。有良好的内感官能力，这部分也才有良好的发展。今天很多青少年表现出逻辑分析能力弱、欠缺长远策划的能力、学习能力低、解决困难的能力不足、道德品行的意识低等，都是源于 7 岁之前的内感官发展欠佳。看看今天的孩子，能够与家长或成年人沟通的机会少，长期观看电视，因而刺激他们训练内感官的机会是很不足的。我希望家长和教育界的朋友，能够多注意这点，在这方面多下点功夫。

四、兴趣是孩子快乐学习的动力

孩子其实除了睡眠之外，每时每刻都在学习之中，成年人也是一样。孩子的学习能力一点也没有问题，看看他在喜欢做的活动中的表现，看看他的一些使家长生气的表现，例如顶嘴，我们很容易发现孩子其实学习得很快。

但是很多孩子在学业上却表现得不够敏捷，甚至不喜欢读书、做作业。分析原因，主要有以下几点：

1．上学读书和在家里做作业没有乐趣。乐趣使脑里释放出“内啡肽”（Endorphins，大脑神经递质的一种），它让孩子处于一种极为放松、无压力状态，并且想重复这种体验，因此孩子便能自动自觉地学习。当孩子得到肯定或嘉奖时，脑里又会释出“多巴胺”

（Dopamine），这是脑里奖励机制的主要元素，也就是动力的来源。由此可见，当学习没有乐趣时，家长和老师往往没有在增添乐趣上下功夫，而是用压迫、否定、斥责、惩罚等方法驱使孩子返回书本或作业上。这些方法启动了“痛苦—恐惧—逃避”的保护机制，于是孩子产生很大的抗拒力，想尽办法避开这些感受的来源：学习。

所以，要孩子对学习感兴趣，必须创造、增大或移入学习里孩子在乎的价值，使孩子感到乐趣和开心。最有效的方法就是在学习里加入神秘、新奇、节奏快、变化多、意想不到、挑战、比赛、证明有能力、可以帮助人、可以得到肯定这十种最容易用到的价值。

2．传统上的“多读几遍”的读书方法，只用到我们三个内感官（思考模式）之中的内听觉，而内听觉是三者之中学习能力最弱的一种。内视觉学得最多最快；内感觉学的效果最好，记得最牢。因此，引导孩子同时运用三个内感官去读书学习，孩子的学习速度便会倍增。

鼓励孩子多思考、幻想，多把脑中的想法画出来，多自制故事、多创作（文章、艺术、劳作），都会对孩子三个内感官能力的提升和综合运用有帮助。

3．读书学习的信念和价值观不清晰，因此引不起兴趣。信念是指孩子认为读书学习应该是怎样的一套看法。如果家长的信念是读书学习本来就是枯燥无趣的，孩子自然也会接受这种信念；而让孩子认识到读书学习可以开心、有乐趣，才会使孩子内心产生自然、强大的推动力。在价值上，如果读书学习是为了一些未来长远而且渺茫的价值，例如将来更成功，容易找份好工作，是难以让孩子产生推动力的。如果孩子体验到每天上学与同学在一起的乐趣，学习到新的知识得到家长的肯定，有机会运用学到的东西做出成就，得到嘉许因而有成功的感觉，孩子便会有更大的学习动力。

4．大部分孩子头脑里的读书学习经验总是负面的居多，这是因为过去成绩不好受责骂、忘记带作业受罚、做到的得不到肯定而做得不足的则一定受批评、较少得到鼓励等。若孩子每次想到读书学习就自然有一份负面的感受，他是难以对读书学习产生兴趣的。负面的感受如果继续加深，孩子会更想逃避，对考试甚至上学产生抗拒或恐惧。除了多给孩子肯定、鼓励和支持外，还需要帮助孩子改变内心对读书学习的感受，例如每次读书做作业前都使孩子先进入一个正面积极的状态之中，上学及考试前帮助孩子建立成功景象（在脑子里有在学校得到老师、同学的肯定赞赏，考试得到良好成绩等景象或画面），把孩子所学的与考试及成功建立起联系等。

五、不输给自己才是正确的竞争心态

“要比别人强”是近年社会竞争风气的主流。教导孩子时，家长往往要求孩子名列前茅、超越其他同学，并时常拿他与别的孩子做比较。这样会使孩子形成一些错误的竞争心态。

在我举办的亲子讲座里，很多家长都会问这样一个问题：孩子考试的名次太低，有什么方法可以提高？当我知道孩子在其他方面表现出能力正常后，便笑着建议说：“送他去弱智儿童学校，保证每次考试他都能拿第一回来！”试想想，在数十位同学之中争取一个名次，除了自己的能力外，所有其他学生的能力都会影响排名结果，因此要孩子比别人强是不切实际的。再想一想：若你的孩子智商

140，经挑选入读全国最高资格的天才儿童学校，在班中他考倒数第二，你会觉得开心还是担心？在一则电视广告中，广告词结尾有一句话很有意义："我不能够次次都赢别人，但决不输给自己。"文中的"自己"指的是自己昨天的成绩。这是教导孩子读书的上佳之句：应该不断地进步，与自己过去的成绩做比较，而不是老在想如何胜过别人。

今天的社会过分强调人与人之间的竞争，因而产生很多不必要的冲突与纠纷。这种心态有一个名称叫作"零和游戏"。一般的竞赛，例如球赛，两队的成绩如果是2 ∶ 0，那就是说有一队赢了两球（＋2），另外的一队输了两球（－2），两队的成绩加起来（＋2加－2），结果刚好是零。

"零和游戏"的心态很不好，是一个"对方输，自己才会赢"的观念，所引申出来的错误的思想和行为模式包括：

·要把别人压下去，但没有人会心甘情愿被别人压下去，因此会产生很多不必要的冲突、仇视；

·竞争是必需的，打败对方也是不可避免的；

·研究自己怎样才会成功可能很难，更容易的方法或许是使对方失败，所以使对方失败的做法便是正确的做法；

·培养出好斗的性格；

·少了可以联手御侮的盟友，多了本来没有必要产生的敌人。

事实上，从人类经济进步的角度，便可证明“零和游戏”不能成立。试想：只有有人败才会有人胜，那么，你若想袋里多十元，则某人的袋里必须少十元，世上的财富又如何能够增加？“人人致富”岂不要改为一半人致富，另一半人变穷？

家长不鼓励孩子“斗”赢别的孩子，孩子便不会产生错误的观念和行为模式。教导孩子更有效的方式是强调没有两个人一样，每个人都有自己强与弱的地方。同时，每个人的需要不同，学习的模式也不同。故此，读书的成绩、进步也不可能一样。赢了别人没有什么了不起，不断超越自己过去的成绩才是真正的进步。这样，当身边已经没有对手，自己还可以不断地提升，进入另一个境界。世界上最好的大学、科研机构、企业，都是如此为自己定位的，因而不断获得成绩上的突破。

不与身边的人斗，更能给彼此多些空间，与同辈、同僚的人际关系更好，更能接受别人，有更多朋友；与此同时，自己也可以不断地获得突破和提升。

六、提升学习力要遵循大脑运作规律

提高孩子的学习能力，可以从很多方面着手。以下简略地提供一些有效的概念及做法，以启动孩子的感官学习能力。

人脑的构造是这样的：

1．学习、回忆与思考，其实是脑的同一运作过程。

例如你第一次听到“亲子课程”四个字，你的大脑怎样运作呢？第一步，这四个字经由耳朵及听觉系统传入脑中，其中眼也扮演了很重要的角色，把说者的神态、面部表情、身体语言等同时传入，此为“摄入过程”。第二步，你的脑把过去一生听过的这四个字中每一个字从记忆储存中提取出来。你曾经听过“亲子”“课程”这两个词，连同这两个词的意思，一并从记忆储存中取出，这便是回忆过程。第三步，你的脑将这些字和词的经验记忆进行过滤，只把与意思有关联的记忆留下，然后做比较合并工作，这便是思考过程。第四步，你的脑完成合并过程，一个新的意思出现了，这个新的意思会与过去所有其他同字的意思比较，更与人生累积出来的信念、价值观及规条对比，然后这个新的意思成立并存放在记忆中，这便是学习过程了。还有第五步，就是在有需要时能轻易地提取记忆来使用。

2. 上述的几个过程中大脑的运作工具就是三个内感官。明白以上的道理，家长可以用以下的方法帮助孩子学习得更快。

需要记得的词句，帮助孩子添上景象（幻想形状、构思情节）和感觉（味、嗅觉也属感觉，亦可想象身历其境时内心的感受）。

要孩子把词句从尾到头念一次。只有运用视觉，想象看到了那一句，才能把这句话由尾念起，如此确保孩子同时运用了内视觉进行学习。

引导孩子创造出特别的联想。联想是提高效率的记忆方法，用联想的方式把十件东西串联起来而创作出一个故事，孩子便会把那十件东西记得很准确，很长时间都不会忘。

经常回忆，以训练和加强提取记忆的能力。

七、学习的目的不应该太遥远

孩子为什么上学读书？家长对于这件事的信念和价值观若不清晰，便无法培养出孩子上学读书的兴趣，孩子更无法取得好成绩。在不少家庭里，孩子学业成绩欠佳令整个家庭备感压力，同时也成为沟通问题和亲子关系恶化的起因。

首先，我们要明了“信念”和“价值观”的重要性。

信念是关于“事情应该怎样”的想法，是事情的“道理”“逻辑”，是每个人对世界上的人、事、物之间的关系的主观认识，也就是我们头脑里指导我们如何在这个世界生存的“指南针”，我们生活里的每一分钟，都得跟随信念所指引的方向去策划和行动。

信念是支配我们人生的基础，故此十分重要。每个人的信念多得不得了，绝大部分存在于我们的潜意识中，这就是说，我们极少会有意识地考虑它们。

信念不是光凭讲道理，或者说用左脑逻辑分析便可以处理的。一个人可以坚持某个信念而歪曲解释实际出现的情况。

人生里任何一件事，不论做或不做，都是由这个人的价值观来做评定。而做每件事所涉及的价值很多，有轻重之分，而且需要一一排位，分出高低次序。如果价值的排位不清晰，在一件事上面有两个或两个以上的价值相等，这个人便会犹豫不决。

另外，我们的意识和潜意识往往各有一套不同的价值排位，有些人知道应该做（意识里的某些价值很高），而总是提不起劲头去做（潜意识认为另外一些价值更重要），便是这个原因。

用价值观可以评估一些事带给一个人的得失，从以下的问题中可以找出它：

“这件事里什么对你最重要？”

“这件事可以给你些什么？”

“这件事有什么意义？”

“你可以从中取得什么？”

很多孩子上学的理由只是“家长逼我”，即顺应家长的要求。这点当然无法让孩子乐于上学和体会到上学读书的意义。同时，也有不少坚持让孩子上学读书的家长，对“为什么要上学”这个问题，没有清晰地思考过。

很多使人不能成功快乐的信念，都是我们在成长阶段中“照单全收”所致。家长说必须是这样的，书本或者身边的人都这样说，我们会未经思索便接纳这些信念，进而运用它们去处理人生中出现的事。

孩子上学读书是理所当然的，但是孩子为什么上学读书呢？对这个问题，今天的家长或许会有这样的回答：

“为了取得文凭。”

“为了他日能够容易地找份工作。”

“为了孩子未来可以生活得更好。”

“为了孩子将来多些机会。”

“为了孩子出人头地。”

请家长就以上的回答，再深入地想一想：

孩子上学读书，他日便会得到上述这些价值，其中的关系是怎样建立出来的？谁可以保证结果一定会是这样的？

所有出现过的词汇究竟是什么意义？什么是“工作”？什么是

“出人头地”？多些怎样的“机会”？什么是“生活得更好”？

为何孩子每天上学读书他便会出人头地？那张文凭究竟能够给孩子一些什么？会怎样“容易”？找怎样的“工作”？有什么“机会”？

这样深思一下，家长会发觉自己对孩子上学读书的信念和价值观并不十分清晰。

还有一点：家长的回答在孩子的脑袋里会怎样？上学读书的道理和价值都是这么遥远，而孩子在每天上学读书里找不到乐趣（价值），就像天天堆砖砌石，连续十多年，为的是建造一个渺茫、看不清楚，甚至可能不会出现的海市蜃楼，多少人会起劲？

更直接有效的信念和价值观是引导孩子注意到每天都接触到、都可以得到的价值。例如：

信念、价值 1：“上学读书可以增加学问知识。”

学校不是唯一取得学问知识的地方，但它是社会花了很多钱建立，聘请了专门为这个目的而工作的人（包括老师）的地方。这些学问知识能使孩子产生力量和自信。

信念、价值 2：“认识很多同年龄的朋友。”

告诉孩子这些朋友与他一般大小，想到和遇到的事情、烦恼都相似，所以能够发展终生的友情，而朋友是人生里最有价值的东西之一。

信念、价值 3：“学会处理人际关系。”

告诉孩子，通过与老师和同学之间的相处，他会掌握种种接受别人，也使别人接受自己的技巧，将来在社会上能够有效地发挥。

信念、价值 4：“学到学习的方法。”

告诉孩子，不断地接触各个科目的知识，认识到自己吸收学问的不同方法及有效程度，因而能够掌握属于自己的学习方法，并且终身都受用。

信念、价值5：“享受到成长的乐趣。”

告诉孩子，学校有很多活动，同学之间也会有很多社交、共同爱好等。处理困难、面对挑战、找寻突破、不断创新、提升自己，都是成长期间的乐趣。

这些信念和价值，使得孩子更能体会上学读书的乐趣，也能使家长更有效地推动孩子取得更佳的学业成绩。故此，经常询问孩子有关这几点的进展，与他分享一些上学读书中的乐趣，便能维持孩子上学的兴趣。

家长还可以花些时间与孩子讨论以下的事情，使孩子更明白上学读书的重要性：

·所学到的东西在生活中如何运用；

·那些知识在孩子未来的人生里会有怎样的用途；

·把学到的东西与孩子有兴趣的玩耍、游戏或者爱好拉上关系；

·借机让孩子发挥学到的知识，例如向他请教；

·给孩子任务，让孩子运用学到的东西，例如要他代你写信给亲友，任务完成好了有酬劳；

·关心孩子读书的苦乐，与他分享，给他肯定。

八、三个技巧帮孩子增添内心力量

当孩子有充分自信心的时候，他对考试、失败、患病的处理会更积极而正面，因而调动他身体里的免疫系统、内分泌系统等，他会做得更好。

孩子建立自信心的途径，可以用三点归纳：

- 多做；
- 多做到；
- 多因做到而得到肯定。

因此，在日常生活里家长应该多制造机会，使孩子能够有以上三点经验。

在孩子的成长岁月中，他需要一次又一次地面对更大的挑战，总有信心不足的时候，尤其是面对考试的焦虑，失败的惶恐、羞愧，患病时的自责或无力感。在这些时候，家长能够帮助孩子增加内心的力量，更好地度过人生里必有的这些遭遇，会使孩子成长得更好。

这里，我们介绍三个技巧，它们适用的范围很广。

（一）抽离法

当孩子处于一个环境，或者面对未来一种情景而有不良的情绪和感觉，例如害怕、担心、焦虑、反感、抗拒，甚至愤怒时，抽离法可以使他摆脱那份不良情绪，而同时仍然面对着那个环境或者未来情景。没有（或者减轻）了不良情绪，孩子便可以更好地发挥他的能力去处理工作了。

每当一个人的头脑里有现场景象，同时看到景象里有一个自己，便是处于抽离状态。景象里的自己无须清晰，有一个模糊形象便可。在抽离状态里，抽离前内心存在的不良情绪会快速减少，甚至会完全消失。

在孩子的生活中，抽离法在很多时候都会有用：

- 在考试测验中因为紧张而忘记了答案；
- 在争执中摆脱愤怒而能更理性地寻求解决；
- 更好地应对挑战，如考试、手术、比赛、移民等；
- 在步入考场或上台前清除内心的不安。

教孩子做抽离法，可以分几个步骤：

1．让孩子在一张椅子上坐下，然后家长作势在门口拍一张照，交给孩子一张白纸，叫孩子描述出那张相片看来应该是怎样的，例如看到他自己的坐姿、旁边的事物等。这一步可以反复做数次。若孩子在白纸上做出描述有困难，可以真的拍一张相片帮助孩子发展出这份在脑中抽离思考的能力。

2．第一步成功后，第二步就是训练孩子能够灵活地运用大脑的能力。每当与孩子一起的时候，家长可以通过提问给他考验：随手指一个方向问他，从那边看过来，你看到的照片是怎样的？注意孩子的描述是否的确有正确的立体景观。可以叫孩子用手比画，他的手势既帮助他更容易地表达脑中景象，也能让你更清楚他说的是否准确。一些问题还会使你更清楚孩子脑中的照片是否正确，例如："从那边看过来，能看到你的右手吗？"或者："从那边看过来，你的身体会挡着什么东西？"

3. 以上两点都纯熟了，便可以进行第三步的训练，那就是孩子能一面行动，一面抽离。首先引导孩子坐在椅子上，然后引导他想象自己正在空中向下望，见到自己坐着。然后引导孩子站起来走动，同时在脑里保持在空中向下望的状态，看到自己在下面的走动。

4. 第三步也训练到收放自如后，可以帮助孩子进行第四步训练。叫孩子坐下，看着家长，再叫孩子想象自己正在空中向下望。要孩子一面听你说话，一面保持空中向下望的景象。说完两三句后，家长停下来，叫孩子复述刚才家长说过的话。运用伸缩家长说话内容的方法去调节孩子的练习难度，帮助他慢慢地提升这份能力。

教孩子无须经常处于抽离状态，因为经常投入于眼前的事物情况，一个人才能充分地感受到这些事物、情况的意义，一个常见的例子便是孩子若在温习时抽离，他的温习效果会很低。

充分地投入使我们完全感受到事情的乐趣并有所学习，这样才有真正的提升。只有当我们内心有妨碍自己前进或者做得更好的不良情绪时，才用抽离法使自己平静下来，让我们得以有更好的思考和行为。

（二）制造未来景象

孩子用抽离法摆脱了不良情绪，内心仍需要一些能够带动他前进的动力。帮助他建造一份未来景象，便是他此刻最需要的东西。失败的未来景象使人心灰、却步，成功的未来景象则使人积极、主动。确保孩子脑中有这样的一幅未来景象，也是免去他胡思乱想的方法。

良好的未来景象必须有清晰的目标和呈现目标的景象（视）、说话或声音（听）和感受（感）。以考试为例，首先帮助孩子定出：

·这次考试的目标，例如我的目标是80分。目标必须不脱离现实，如果孩子过去最高都只不过是40分，把这次目标定在50分或60分会较为实际。

·证明达到目标的景象，例如老师对孩子的嘉许，孩子看到成绩表上的数字。添加一些细节，使这个成功景象内容更具体，例如环境的人与物，室内外的光线、杂声等。成功景象中必须看到自己，即是抽离状态。

·建立成功的未来景象，家长可以先和孩子谈论一下这次考试成功的意义，他的目标和证明达到目标的景象。用笔把景象的细节写下来，然后引导孩子闭上眼睛，做两个深呼吸使自己平静下来，然后按写下的细节，用话语一步一步地使孩子在脑中构建出那幅景象。

孩子有了那幅未来成功的景象后，必须闭上眼睛，因为家长需要引导孩子把那幅景象放在脑中更能帮助他的位置。步骤如下：

1．把景象图推向右上边，就像时钟上1∶30的位置。这是针对用右手的人。若孩子用左手，则须把景象图推向左上，即10∶30的位置。

2．调校颜色为彩色、鲜明及光亮的。

3．把景象拉近自己，当自己有一种强烈的良好感觉时再停下。

4．做两三次深呼吸，想象每次吸气都把未来成功景象凝固在内心。

5. 闲谈数句，然后测试孩子一次。大力吸气，看多久那幅成功景象能出现。做数次这样的测试，教导孩子每次需要达到目标的动力都可以凭大力吸气取得。

这个技巧，配合抽离法，可以帮助孩子面对例如生病、做手术、面试、受到挫败等情况。

（三）借力法

很多孩子的自信心不强，需要面对挑战时内心的力量不够，“借力法”可以帮助孩子在很短时间里添加这份力量，家长可以引导孩子按照下面的指示去做。为了使孩子也可以随时为自己添力，下面是以孩子本人的口吻来进行描述的。

“借力”方法之一：

假想自己完成一件十分自豪的事，在脑中设计出成功的景象和声音，即环境布置、灯光色彩、人物景象等，并且是像电影般的动画，加上别人说话的声音、背景杂声或音乐，自己内心的说话等。

“借力”方法之二：

想出一个有此能力的人，想象他站在不远处，向他要求借取这份能力，并且向他保证，能力不会因借出分享而减少。当他点头答允后，想象他扬手撒出代表这份能力的光粉。想象这光粉像雨般降落在自己的身上，感受一下能力进入身体的感觉。

“借力”方法之三：

想出一个有此能力的人，回想上次（或者幻想一次）见到他在台上演说的模样。先注意在台上射在他身上的灯光特别亮；他的声音很有力，吸引全场人士的注意；然后想象自己站起来，走向他的方向。途中看到台上的他越来越清晰，他的声音越来越大，走过的两边人群也越来越投入。然后你走上台，站在他身旁，一同面向群众，看到观众被你俩吸引着；你听到的声音就在你的旁边响起，所以很响亮清晰，内心的感觉因此很强烈。然后，你横走一步，进入他的身体里。现在，你已成为他，语言从你的内心产生，经口中涌出，吸引着所有观众，眼中见到的观众完全被你吸引着。你的内心产生一份很强的自信，再用大力吸气的方式，把这份能力的感觉加强。

九、张五常的教育信念

家长希望孩子把书读好，他日有更美好的人生。这是千百年来每位家长都有的崇高意愿，但是其背后的信念基础，却不一定站得住脚：把书读好不能保证他日事业、人生会好；把读过的书背得滚瓜烂熟只应付了考试，但不能代表就是有学问。考试成绩好而得来的一纸证书，往往使孩子养成“托付心态”——那张证书可以给我好的工作和成功的事业。每位中年以上的人都同意现实不是这么回事，但是家长爱子心切，仍然抱着这些观念去对待孩子读书的问题。

很多家庭，甚至因孩子读书成绩的问题导致关系恶劣，全家上下处于紧张气氛之中，孩子与家长的沟通破裂、对家庭厌恶、离家出走、加入不良组织、吸毒、自暴自弃……如此，家庭逼孩子辛苦读书的动机——使孩子的人生更好，却得到了恰好相反的效果。家长希望孩子在将来有美好人生，但这时的孩子已踏上相反的不归路了。

试问家长怎能继续闭上眼睛，不看眼前现实而只空谈理想，同时不断加深那负面的效果呢？

历史上多少伟人，社会上多少成功人士，都没有在上学时取得好成绩。与读书成绩相比，家庭的温暖、爱护、照顾和谅解，更能保证孩子他日有成！

著名经济学家张五常先生是我最敬佩的学者之一，他的书我都会去看。据我所知，香港的学者中有可能得到诺贝尔奖的三个人中，张先生是首选。他是典型的“香港儿女”：在香港的环境成长，他读小学中学时的经历，就是描写中国近代历史的过程。他在香港读书时的心路历程，看过的人都深有同感。

张先生在《五常谈教育》一书中，说了他对他的一双儿女应该怎样读书和孩子教育的一些看法，很有价值。在这里摘录两段给大家参考：

20年前子女在美国念小学，我放弃了与家邻近的免费公立学校，每天清早驾车半小时送孩子到私立小学去。学费每人每月350美元，是辛苦赚回来的钱。公立的免费，而政府资助每个学生的费用高出私立的一倍以上。私立的小学只有两三间简陋的木房子，校园环境跟公立的差很远。但私立的不仅教得用心，而且每月要我花一个小时跟那里的老师研讨，老师跟我陈述孩子的长短，分析他们的兴趣，给出每个孩子的课程的建议，推荐我阅读教育孩子的书籍，征求我的意见。我被校方搞得不胜其烦，最后跟他们说：“你们是教育孩子的专家，教得那样好，怎样教我都不会反对，用不着我的参与了！”

是因为有那样一流的教育起点，所以我平生没有一次叫子女做功课，或要他们准备考试，或给他们请补习老师。孩子后来进了大学，选修什么我从不过问，也不大清楚。子女在大学时，被选入美国优秀学生名列。他们可没有告诉我。不过想想子女念小学时交了私立的学费，“优秀”是应该的吧。

（结论：不要找名校，该挑选的是真心关心孩子的学校和老师！）

在该书的另一处，他写道：

不要以为只有能人异士才可以在国际学术上有点成就。太蠢的不成，但我认为只要智力中等，有所用心，教育得宜，在国际学术上赢得一席之位的机会起码有六成。这是因为数之不尽的重要学术研究，并不是非要有大智大慧的人才可以做得好。

智力大致上是天生的。然而，大多数人不明白，一个孩子的天生智力怎样，不是由什么智商测验或考试成绩甚至日常的表现就可以知道的。你要让孩子去尝试，去乐在其中地做一下。而又因为天分有许多方面，你要让孩子尝试多方面的。好些时候，一个孩子在幼时显得蠢，但到了某一个年纪就聪明起来。我自己到28岁时，才突然间对经济理论融会贯通，觉得课本错的多、对的少，才有胆把前贤之见一视同仁，手起刀落。

我认为“用心”这回事，有一部分是天生的，但在某种程度上也可以培养出来。我一向认为，对事情有兴趣的孩子，做事情时就会用心，就是一个准天才。一般父母不知道，有兴趣是极为难得的事。

只要孩子有兴趣的事情不是不良嗜好，千万不要阻止他。同样重要的是，孩子感到有兴趣的事情是否需要用想象力。电子游戏因为不用想象力，我不会鼓励孩子夜以继日地去玩。我做孩子时流行的风筝、弹玻璃子之类的玩意儿，对想象力的启发就大有用场了。

最后，教育是后天的。学校的教育远不及父母所教的重要。父母要让孩子做多项尝试，不阻止孩子的兴趣发展；而最重要的是，不强迫孩子在无关宏旨的事项上，如考高20分，多下功夫。

读书求学是要考试的。考试是衡量，但却不是求学的目的。香港的教育制度本末倒置，使考试变为目的了。批评香港教育制度的传媒，为了要洛阳纸贵而大肆宣扬考试英雄榜，难以自圆其说！

（结论：1. 让孩子在学习中产生兴趣和乐趣是最重要的事；2. 不要扼杀孩子的兴趣，孩子的兴趣是很宝贵的；3. 父母比学校更重要；4. 考试并不那么重要。）

附：不应有的自卑

文 / 戴志强

戴志强先生是国内著名NLP教练及导师，亦经常参与辅导工作。

志伟今年30岁，是一位建筑散工，长得浓眉大眼，一表人才。他约我面谈，是希望治疗他的脑。志伟7岁那年曾经掉进数尺深的大水沟而弄破了头，被送进医院缝针。之后，小学一年级至三年级还好，四年级开始成绩一落千丈。怎么读都不进脑子，记忆力奇差，后来初中还没念完就退学出来工作了。志伟怀疑自己的脑在7岁那年受伤而影响了正常的功能，二十多岁时曾经到马来西亚大学医院检查。检查结果是一切正常，但是志伟不能接受这个检查结果，因为十多年来，他就是什么都学不会，教他的人常常要讲很多遍他才懂，但过了一些时候却又会忘记。不但如此，最近几年，他更感受到因头脑的缘故，影响了他的身体健康。他不但常常呼吸困难，口腔溃烂，而且还腰酸背痛。在交谈中，志伟也谈到因从小头脑有问题，他是在父母的打骂中成长的。

从观察中，我发现志伟是典型的视觉型。当他回忆或思考的时候，他的眼球都是往上方左右转动的。这个生理上的活动显示他正在脑里面寻找画面。从语气中我也听得出来，他的自信心已荡然无存，对自己充满了种种怀疑。我用了几个方法检查了志伟的视觉、听觉、嗅觉、味觉和触觉在脑中的敏锐度，发现一切正常，尤其是视觉，比普通人更敏锐，而他的先导系统也是视觉。确定了这一点，我开始了以下的治疗。

我先请志伟做几个深呼吸，放松绷紧的情绪。我拿了一张卡片，在上面写了一组数字“3821327609”，请志伟看30秒钟，然后请他背出来。志伟背错了3个数字，其中两个数字次序颠倒。我用另一张卡片把同一组数字写成“382-132-7609”再给志伟看30秒钟，然后请他背出来。志伟这一次一字不漏地背出来。我要求他从后倒背过来，结果也是一字不漏。

我马上在这个时候肯定了他的学习能力，志伟脸上有点惊讶，同时也有所怀疑。

第二个体验练习，我请志伟闭上眼睛，想象自己回到家里。然后，我请他从进入大门，到客厅，进入睡房，打开衣橱，打开抽屉，把所有他“看见”的东西都告诉我。当我请志伟睁开眼睛的时候，他已经告诉了我三十多样东西。我马上肯定了他的记忆能力。当我观察到志伟仍是满脸怀疑时，我请他再背刚才那组数字，结果还是一字不漏。请他倒背，仍是完全正确，当我把卡片翻给他看，志伟脸上有了真正的笑容。

志伟又跟我说他最近去学英文，怎样都学不好。我写了两个英文单词在两张卡片上——“PEA-CE”“SPE-LL-ING”，然后又解释了意思。我要志伟去想象一幅图画或符号来代表这两个单词的意思，并在卡片上的单词旁边画上那个图。我同样要求志伟30秒后背出来并说明意思，结果完全正确。

志伟是带着半信半疑的心情离开的。我要他用一个月的时间去试验我所说的话：

1. 你的头脑一切正常；

2. 你的学习能力正常，学习的时候要在脑子里制造图像或符号，你会比一般人学得更快；

3. 你的记忆能力比一般人都好。

一个月后志伟回来见我的时候，和第一次判若两人。他告诉我，他在工作上有很大的突破；他学东西学得很快，而且不再像以前那般容易忘记；身体也比较健康；他的老板要他学比较复杂的手工，提升他为“大工”。他比以前开心多了。

分析与总结：

小学一年级至三年级的课本图画比较多，所以志伟在学习上相对没有问题。上了四年级，图画就比较少了，而目前的教育方式往往是老师读一遍、学生读一遍，默写、听写、背书等，都是听觉型的教学法。遇到像志伟这种视觉型学习的学生，这种教学法就会不起效果，这样的学生也就会被牺牲了。因为学习成绩不好，再加上父母亲常用负面词语责骂，例如“笨蛋”“没脑子”“没有用的孩子”“像猪一样”等，更使志伟深深地认为自己有问题，继而产生严重的自卑感和自我怀疑。

其实志伟至少是中上智力。

在成长过程中，志伟因为自卑、自我怀疑而限制了他学习新知识或技术的能力，进而产生了忧郁、身体上的病痛等症状。现实生活中的经验影响了志伟，使他有了“限制性信念”（Limiting Beliefs）。当他深信自己的学习能力和记忆能力都很差的时候，他的潜意识就会产生“保护作用”，拒绝新的资讯进入记忆库，来确保主人的信念是对的。这些自我怀疑的限制性信念也延伸至身体健康方面。打破了志伟的限制性信念，他的潜意识也会随着支持他而带来改变。

人的智力有八种。

与其抱怨教育制度，不如帮助孩子找出对他最有效的学习模式。

帮助孩子同时运用视、听、感三个内感官去学习。

让孩子只跟自己比。

与读书成绩相比，家庭的温暖、爱护、照顾和谅解，更能保证孩子他日有成。

PART 3

让你和孩子更亲密的技巧

与孩子像朋友一般相处，也许是每个家长心中的希望。那如何协调好与孩子的关系呢？要达到此目的，家长是需要了解一些技巧的，而且还要将这些技巧真正运用在亲子相处上。

第八章

孩子的情绪挑战不再棘手——做 EQ 型家长的技巧

要做成功的家长，只有爱是不够的，还需要以同理心来对待孩子（同理心是了解和分享别人的看法和感受），并且帮助他们处理负面情绪，譬如愤怒、悲哀及恐惧。如此，家长才能在自己与孩子之间搭建信任及爱的桥梁，适时地对孩子在情绪方面加以有效的辅导，以使他们在成长过程中和长大后成为更成功、更快乐的人。

丹尼尔·戈尔曼（Daniel Goleman）在 *Emotional Intelligence*（《情商》）一书中指出，能够妥善地认知和处理情绪的能力，比起智力（IQ）更能保证一个人在人生各方面，包括家庭关系和事业上的成功与幸福。

然而事实上，以往人们对于情绪的认识有很大不足，对自己情绪的管理已经存在不少问题，于是在帮助孩子处理情绪问题方面，也表现出一些无力的特征。

这里，我们一起总结在处理孩子情绪时家长的一些传统做法，之后向大家介绍新发展出来的 EQ 型方法，看看它有什么不同。

一、应对情绪挑战，不做四种类型的家长

运用传统型做法处理孩子的情绪问题，家长的行为有四种类型，让我们先看一看这四种类型的具体表现。

（一）交换型以换为止

交换型——用具有吸引力的事物换取孩子停止某种情绪。

1. 交换型家长的典型语言，例如：

“不要哭，妈妈带你去买雪糕吃。”

“来，爸爸带你逛街去，不要再发脾气啦！”

“再这个样子，我就不让你出去玩啦！”

2. 交换型家长常见的行为表现

交换型的家长以拿走孩子在乎的价值来交换孩子终止那些情绪。

交换型的家长见到孩子悲伤时，便急着去买雪糕给孩子吃或提供其他的好处，注重的只是孩子停止表现那种情绪。

孩子在伤心或者生气时，这类家长会试图引逗孩子笑，或者嘲笑孩子。

这类型的家长告诉孩子这种情绪不重要，不应该出现，甚至是：“若要别人尊重你，最好把这些情绪压在心底！”

3. 交换型的家长对情绪的看法

交换型家长认为负面的情绪有害，不希望孩子停留在那些情绪中，因此当孩子伤心时，交换型的家长会尽力去找东西换掉孩子的情绪。

交换型家长以为停留在不舒适的感觉中不能自拔就如同置身于水火中，他们不希望愤怒或哀伤的情绪控制自己的生活，故此也不愿这类情绪控制他们的孩子。在他们看来，孩子的注意力若离开那些情绪，就能摆脱它们。这类家长也许在他们自己童年时被禁止表达他们的感受。

交换型的家长也有的来自贫穷或者疏于照顾和关怀的家庭。由于自己在小的时候得到的照顾关心不足，因此他们想为孩子塑造一个完美的世界。每当孩子有忧伤的感觉时，这些家长只注重把世界“修补”得更好，却忽略了孩子更需要的是被了解和得到慰藉。

交换型的家长认为欢笑喜悦比灰暗的心情更重要。这种看法并没有错，只是他们没有认识到，灰暗心情带来的情绪，既需要给予重视，又需要恰当地处理。

有部分交换型的家长往往觉得孩子的烦恼微不足道，与大人的忧虑，比如失业、婚姻破裂、国家大事相比，孩子根本没有资格闹情绪。

4．孩子的感受

孩子看到交换型家长的这些反应后，会对自己产生怀疑：“既然这不是什么大不了的事情，为何我感觉这么糟？”这个类型的家长的反应，其实是给孩子一个否定自己的信息：“你对这情况的评估或判断是错的，你的情绪反应也是不对的，你不能相信自己的内心感受。成熟的人不会像你这样。”

这样一来，孩子便会经常感到迷惘、怀疑，累积下来，他们会显示出自信不足，在生活上容易产生很大的压力。

（二）惩罚型表示不满

惩罚型——对孩子的情绪表现感到不满，加以责骂或者恐吓。

1. 惩罚型家长的典型语言，例如：

“你这个样子哪像个男孩？真不争气！”

“你再吵我就打你！”

“你也知道家里不容许这样的行为！做错了你还生气，是想找打吧！”

2. 惩罚型家长常见的行为表现

顾名思义，惩罚型家长对负面的情绪显示出强烈的反感。孩子常常因表达哀伤、愤怒和恐惧而受到责备、训骂或者惩罚。

惩罚型家长把注意力放在孩子的情绪或发泄情绪的行为上，而不尝试去了解孩子情绪的原因。

部分惩罚型家长以批判的态度去处理孩子的情绪，他们会了解情绪产生的原因，但目的是为了决定自己的反应：“合理”的原因得到理解，轻微“不合理”的受到批评，而严重“不合理”的受到惩罚。

3. 惩罚型家长对情绪的看法

有些惩罚型家长认为孩子的情绪表现只不过是要引人注意，因而故意忽视；或者认为孩子是想从家长处得到某些东西，因而故意抵制。这些家长感到被孩子勒索，因而产生愤怒及对抗的心态。

惩罚型家长往往以为若不责骂或惩罚孩子的负面情绪表现，将会失去对孩子的控制，或者担心会培养出孩子的坏脾气。

也有些家长因孩子宣泄情绪而责骂或处罚孩子，好让他们“变得更坚强”。常常表现恐惧或者忧伤的孩子最易受到严厉的父亲的如此对待。这种父亲认为世界是冷酷无情的，只有最坚强的人才能生存，故此孩子不能成为“胆小鬼”或者“弱者”。

最为极端的惩罚型家长，希望能够教出不会有负面情绪的孩子。他们认为这些情绪是“无意义”的，“白费时间”，“一点都没有建设性”。

4．孩子的感受

受到惩罚型家长对待的孩子，与受到交换型家长对待的孩子相似，不相信自己的判断，对自己没有信心，觉得自己的感受毫无根据、不适当，或者不正确。他们的自尊受挫，在学习调整自己的情绪和解决自己的问题方面，会遇到更多的困难。比起其他孩子，他们在集中注意力、学习和与同龄孩子的相处上，会出现更多的麻烦。他们历次的经验告诉他们：表达自己的情绪可能会带来耻辱、被抛弃、痛苦、受虐待。所以，他们憎恨负面情绪而又感到无可奈何，他们长大后面对人生的挑战会显示出能力不足。

（三）冷漠型不够积极

冷漠型——接受孩子的情绪表现，但没有积极地引导，任由他自己处理。

1．冷漠型家长的典型语言，例如：

“你回你的房间吧，等你气消了再出来！”

“心情不好就躲起来，不要去烦人，谁想跟你这个样子的人说话！”

“爱哭就一次哭个够吧！我回头再跟你说话！”

2．冷漠型家长常见的行为表现

冷漠型家长接受孩子负面情绪的出现，不否定也不会加以责骂。这类家长抱着一种“不予干涉”的态度：让孩子自己去找办法宣泄一下或者冷静下来，身为家长的责任便已完成。他们不愿或者不知道要教导孩子去处理那些负面情绪。

3．冷漠型家长对情绪的看法

冷漠型家长认为抱着“不管孩子变得怎样我们都爱他”的信念便已足够，却未能意识到：光有无限和无条件的爱，既不能帮助孩子解决问题，又不能教孩子学会正确处理情绪的方法。

4．孩子的感受

冷漠型的家长不懂得如何帮助孩子在体验情绪的过程中学习。他们不教导孩子如何去解决问题，因而孩子会发展出以不恰当的方式表达过分和无约束的情绪。例如：一个愤怒的孩子会变得有侵略性，以言语或行动伤害别人；一个伤心的孩子会尽情和长时间地哭闹，而不知怎样去安抚和纾解自己。对孩子而言，这可能是十分痛苦的：他们不知如何是好，感到恐慌，像进入了一个情绪黑洞却不知怎样才能逃出来。

（四）说教型喋喋不休

说教型——喋喋不休地给孩子教条文字的训导，不理会孩子的情绪表现。

1．说教型家长的典型语言，例如：

“人生总有不如意的时候嘛！像你这么大的时候，我已经懂得照顾自己了。你也要想想，我们怎样期望你会做到出人头地，看到你这样，家里每个人都会说……”

2．说教型家长常见的行为表现

说教型家长面对孩子的情绪，表现出好像视而不见的样子，而只集中注意力去说出他们以为对的道理，长篇大论、滔滔不绝。

说教型家长认为人生里的种种事，只需凭理性去处理。只不过，他们强调“应该怎么样”“怎样做才对”和“怎样更好”，但是又没有具体有效的方法教孩子做出来。

说教型家长不知道要教导孩子去处理那些负面情绪，以为只要明白了道理，那些情绪就会消失。

3．说教型家长对情绪的看法

说教型家长认为负面情绪是不应出现的。既然是不应出现的，便不应把说话放在情绪上。

说教型家长认为情绪是孩子不对而产生的。故此，孩子理应承受，于是情绪带来的痛苦就是孩子自己的事。

4．孩子的感受

与冷漠型家长一样，说教型家长不懂得如何帮助孩子在体验情绪的过程中学习。孩子感到孤单无助，需要独自去面对负面情绪带来的痛苦，不知如何是好，身处黑洞的感觉就更为强烈。说教型家长喋喋不休，其实会进一步制造出更多的痛苦，孩子会在本来已有的负面情绪之上多添一分不耐烦，甚至愤怒，亲子关系因而会变得更差。

二、EQ 型家长巧妙的应对之法

（一）EQ 就是情绪智能

1．情绪永远没有错。

很多人都应该有这样的记忆：从很小的时候起，我们便受到教导，某些情绪，例如愤怒、悲哀，是不应该有的，若有此等情绪必须马上驱走，并且不能表露出来。只是情绪往往要来便来，要它离开我们又无能为力。这种无可奈何的感觉，很多人归咎于先天的原因，遗传、性格、命运，或者自怨自艾。

其实我们脑里有两套信念：

第一，我们出现负面情绪是因为某些人说了一些不该说的话，或者做了不该做的事。就是说，一些人、事、物决定了我们的情绪。

第二，我们在负面情绪里，例如沮丧，我们的行为自然就比较消极，行为消极的效果自然不太理想，常常这样的话，人生也就没有什么成就了。这套信念定死了以下的连锁关系：情绪→行为→效果→人生成就。

大部分人的脑里都抱持这两套信念来看待生活里的事物和人生。把以上两套信念合为一套，便是以下的一套连锁关系：人、事、物→情绪→行为→效果→人生成就。这是一套具有严重限制性的信念，把人套牢在困境里，因为这是说“外界的人、事、物操控了我们的人生成就”。

这样的信念严重限制了很多人的人生提升，它们有严重的缺失：情绪不是取决于外界的人、事、物；同一个环境里同一种情绪的存在，可以有多种行为的选择；那些负面情绪也有正面意义，按照其正面意义做事，不单能使负面情绪得以消除，人生也能变得更成功快乐；最后，什么事情原因都不管，光是把那份情绪消除淡化，也有多种技巧。

这一切都说明，绝大部分的人都没有受过处理情绪的技巧训练，故此我们很容易成为自己情绪的奴隶。

其实，每种情绪都有其正面价值：不是给我们一份力量，便是指引我们一个方向。例如：愤怒是给我们力量去改变一种不能接受的现实；痛苦则指引我们找出方向，摆脱威胁，因为继续同样的做法，便会继续痛苦。

要想从做自己情绪的奴隶变为做自己情绪的主人，必须由认识和接受自己的情绪开始。因此，我们需要教导孩子认识和接受自己内心的情绪，进而处理引起此等情绪出现的问题，从而使孩子掌握一些人生中极为重要的信念与价值观。

2．EQ 是情绪智能。

很多人认为情绪的来源是外界的人、事、物：“他一开口就骂我，我当然生气！”“事情不顺利，我怎么能开心？”其实这是错误的见解。你曾经对同一个人、同一句话有不同的反应吗？同一部电影有人看了哭得像泪人，有人沉默不语，也有人若无其事，何解？

一句话或者一件事对一个人（每个人不同）的影响，就像是这句话、这件事被抛向这个人，因为这个人有一个外壳，所反弹出来的不同方向代表了不同的情绪。反弹方向既然决定了情绪，那么什么决定这外壳的弧度呢？外壳所包容的东西才是关键，那些东西是这个人的信念、价值观和行为准则。这三种东西就像网球，而那外壳就像布袋一样：网球的多寡与位置决定了布袋的外形与弧度。简单地说，就是你对一些事情本来的一套看法决定了你的情绪。

情绪可能是人类社会里最影响人同时又是最容易被忽略的东西，对这方面的研究过去少之又少。对情绪的正确了解和有效运用对每个人都重要，它是一种能力，可以学习提升运用的能力，这就是情绪智能（Emotional Intelligence/EQ）。可惜的是，今天的家庭中父母忽略了孩子这种能力的教导培养，学校也忽略了，社会也忽略了。在这里，我们帮助家长掌握一些最重要和实用的概念和技巧。

首先，EQ是“情绪智能”，它的定义包括两点：

（1）认识和正确运用情绪去帮助自己；

（2）运用“同理心”去处理与别人的关系，即了解和分享别人的看法和感受。

在最基本的概念上，同理心是感觉别人情绪的能力。有同理心的家长，看到孩子流泪时，能设身处地想想孩子的处境并且感受到孩子的悲痛；看到孩子生气，他们能感受孩子的挫败与愤怒。在这一前提下，EQ型家长在帮助孩子进行情绪处理时，往往行之有效。

（二）EQ型家长对情绪的态度

很多人认为时间可以化解负面情绪，但是更多的人发现时间并不能真的消减负面情绪，时间只让我们学会怎样与它共存。负面情绪蕴藏在内心，我们便不能尽情地发挥本有的能力。而孩子在成长的过程中，必须尽情地发挥本有的能力，才能有最好的成长效果。

EQ型家长对情绪的态度是：认识它的存在，并且接受它的存在，正视它。

·EQ型家长愿意在情绪的世界里担任孩子的向导。他们接纳孩子的负面情绪，聆听和分享这些情绪，但同时也会设置规范以显示不适当行为的限度。他们也教导孩子调整自己情绪的方法，寻找合适的消解或者发泄渠道，然后考虑解决问题。

·EQ型家长愿意鼓励孩子对情绪诚实：认识、接受和承认自己的负面情绪，不怕别人知晓。有负面情绪并不表示自己有不如别人或者见不得人的缺点，每个人都会出现这样的情况，区别只在于能否成功地处理它们。

·EQ型家长愿意教导孩子以非破坏性的方式表达负面的情绪，并且设置规范去控制不适当行为的限度。例如：你对弟弟恼火是可以理解的，但用尖酸刻薄的言语去回应则不是好的方法，因为家人是任何时候都可以依靠和信赖的人，不应有意识地制造自己与弟弟疏远的感受。

·EQ型家长愿意教导孩子用多种方法去宣泄情绪，例如做一些可以放松身心的活动：跑步、打球、唱歌。

·EQ型家长不会认为在每次出现负面情绪时都应该或者能够把孩子的世界一次性“修补”完美。他们会聆听孩子失望的心声，并且告诉孩子感到失望是完全自然的事。孩子在年少时能学会处理小小的失望，将来在成年后，也就能应付人生中较大的失望了。

·EQ型家长不认为能够一一满足孩子的要求，但是总可以让孩子感觉到家长了解他们内心的需求，给他们安慰，也就是说，与他们分享他们得不到想要的东西时的感受。这样家长会更容易引导孩子接受失望的现实，尝试找出另外一个可以得到的替代品，或者制订计划如何在未来争取到手。记住：家长的责任不是给予孩子人生中每件想要的东西，根本没有哪一个家长能有这样的“超能力”，而是引导孩子学会如何处理人生中的欲望及每次的得失。

·EQ型家长不会害怕在孩子面前表现自己的情绪：伤心时，在孩子面前流泪；愤怒时，在孩子面前生气；不过他们会告诉孩子伤心和生气的原因。这种类型的家长以身作则，表现出：负面情绪是人生的一部分，有其正面意义，无须逃避或者隐藏，并且总能找到处理的方法。例如，一个孩子看到家长激烈争论后可以友善地解决双方之间的问题，那么他就会学习到关于解决冲突与达成和解的宝贵一课，并同时感受到和解后亲密关系的可贵。又例如，孩子看到大人理性、平和地处理离婚或者以节哀顺变对待长辈的去世，可以从中学习到如何处理悲伤和绝望。

·当EQ型家长说出伤害孩子的话，或者无意中做出伤害孩子的事，他们会向孩子道歉。这事件本身又可以成为另一个亲近孩子和教导孩子的宝贵机会。

当家长转变为EQ型家长后，孩子的情绪和行为上的问题会逐渐减少。亲子之间感情结合的力量会不断增强，孩子会视家长为知己和盟友，他们更愿意主动地、自觉地培养自己正面和健康的言行。

（三）EQ 型家长的行为表现

平常我们见到的一些家长，为了掩饰自己对情绪失控的恐惧而装出一副“超级家长”的样子，明明自己心情不好，也要装得若无其事，以为能够对孩子隐藏他们的情绪。其实，孩子有很敏锐的洞察力，他们能察觉出一切，只是他们看出家长企图隐藏，因而在表面上加以配合而已。

EQ 型家长会这样做：

注意孩子情绪的出现，并视之为与孩子加强联系沟通的良好机会。

对孩子所表示的感受不乱下结论，也不假设每个问题都是一件小事或一个灾难，更不给自己错觉，以为自己总会有能力去修补或解决孩子的问题。

问孩子发生了什么事情，了解事情发生的原因（孩子认为的原因），引导孩子说出内心的感受。

接受从孩子的角度所看到的原因及感受到的情绪，用言语表示了解孩子的看法与感受，通过交谈来与他分担那份感受。

与孩子一同了解问题的症结并一起寻找解决办法，引导孩子明白：人生里的事情未必都能如愿，往往必须受到某种制约或限制。

愿意认为并告诉孩子：情绪让我们知道事情里有对我们有帮助的正面价值，应该认识这些正面价值，使自己懂得运用它们去取得人生里更大的成功和快乐。所以，家长能够引导孩子跟家长讨论事情，找出其中的意义与学习成果，以及日后对自己有帮助的地方。这样，孩子便学到在每次经验中成长的方法。

表达自己的一些看法，不用批评的语言或者态度，而是提供不同的看法，然后确定自己的下一步行动重点是以下三个可能的哪一个：

（1）接受事情：分担失望的感觉。

（2）找出替代品：引导孩子去认识事情的更高意义，与孩子一同尝试找出其他的可能。

（3）未来计划：与孩子讨论什么是他想在将来得到的，鼓励他确定将来应做的一些事情。

EQ 型家长接受并与孩子分享孩子的感受，会使孩子更有信心地学习怎样处理面临的问题，因为孩子感到身边有可以信赖的盟友支持。如果家长不批评孩子，不轻视孩子的情绪，不主观地否定孩子的意向，孩子就会让家长进入他们的世界，家长就能更容易地引导和教育孩子成长。孩子会感到与家长有共同的立场，肯与家长一同解决问题，自然也愿意听家长的意见。

（四）EQ 型家长处理孩子情绪的技巧

EQ 型家长处理孩子情绪的方法共有四个步骤：接受、分享、肯定与引导、策划。

1．接受。

处理孩子的负面情绪，首先要用同理心去帮助孩子描述他的感受。

同理心是从孩子的角度去分享他的看法与感受。最有效的方式是直截了当地说出你看到的在他脸上流露出的情绪。例如："小明，你看来有点难过。告诉我发生了什么事？"或者"我看到你有点怒气。什么事使你生气呀？"

孩子跟所有人一样，他们的情绪都是有原因的，虽然孩子未必能够清晰地表达出来。而且用成人的角度和标准去看，这些原因或许不合理，无须有情绪，但对孩子来说，那些理由是重要和必需的。当改换用孩子的角度去了解情况时，家长会更易接受那些原因。

有时问孩子为什么感到伤心，孩子未必能够好好地回答你。无论是怎样的回答，你要表现出尊重孩子的感受，肯定地接受和认识他们的感受。如此，每一次的沟通都能促进亲子之间的亲近。"接受"的意思是说："我注意到你有这个情绪，并且我接受有这个情绪的你。"

2．分享。

（1）先处理情绪。

当孩子表现出负面情绪而家长已经运用同理心使他肯与自己谈下去的时候，首先应该做的是，帮助他们去捕捉内心的情绪。孩子对情绪认识不多，他们没有足够和适当的文字描述情绪，因此正确表达内心的感受会有困难。家长可以提供一些字眼帮助孩子将那种无形的恐慌和不舒适的感觉转换成一些可以被下定义、有界限的情绪类别。例如："我敢说，那使你觉得尴尬，对吗？"或者"你感到被人拖累了，是吗？"

如果孩子回应上面"肯定"部分的说话，想说出事情的内容、始末、谁人对错等，家长可以用话语把他带回到正确的方向（先处理情绪）。例如：

“原来是这些使你这样不开心。来，先告诉我你内心的感觉怎样。”

“哦，怪不得你这样反应啦！你心里现在觉得怎样？”

帮助孩子描述他的情绪，并不是告诉他那是应该有的感觉，而只是单纯地帮他刻画出他当时的内心感受，并且帮助他发展一些表达情绪的语汇。

这个阶段也是很宝贵的EQ教育阶段：被拒绝或否定时的情绪是愤怒，心爱的玩具被打碎时的情绪是悲伤……这样，孩子将能更准确地把握自己的内心感受，因而能更有效地处理情绪。

孩子越能精确地以言辞表示他的感受，就越能掌握处理情绪的能力。例如，当孩子生气时，他可能也感到失意、愤怒、混乱、被出卖、妒忌等。当他感到难过，他可能也感到受伤害、被排斥、空虚、沮丧等。认识到这些情绪的存在，孩子便更容易了解和处理他所面对的事情了。

孩子需要一些时间去表达他的感受。用点耐心，若他正努力地说出情绪，不要打断他的话，只需单纯地鼓励孩子继续说下去。

这个技巧最重要的一点就是必须先处理情绪，再处理事情。当孩子有足够的情绪表达后，家长会发现孩子的面部表情、身体语言、说话速度、音调、音量及语气等都会有明显舒缓的迹象。

（2）后处理事情。

若上述的情绪处理得好，孩子会平静一点，这时再引导孩子说出事情的细节，好让家长知道该怎样进一步引导孩子。

3. 肯定与引导。

家长应该对不适当的行为设立规范，就是说，勾画出两个明确的范围：一个是可以理解或接受的，另一个则是不能接受或者没有效果的东西。一个受挫的孩子会以不适当的方式表达负面情绪，例如打人、摔破玩具，或者辱骂别人等，家长在了解这些不良行为背后的情绪并且帮他描述感觉后，可以使孩子明白这些行为是不适当的，而且是不被容忍的。情绪本身从来都没有错，只是情绪推动出来的行为是否恰当、有没有效果而已。所以，因事情而产生的情绪及内心的动机总可以被肯定。也就是说，家长应表示理解和接受孩子的情绪和动机。跟着，家长可以引导孩子思考一些较为恰当的方法来处理负面的情绪。

例一："你对小刚拿走你的游戏机很生气，我明白那种感受，但你打他就不对了。你想，现在他也想打你。这样，你俩便不能做朋友了，对吗？"

例二："你感到妒忌是正常的，因为妹妹比你先抢坐在车子的前座，但你用难听的字眼骂她就不对了。因为她不会明白，下次仍会抢先，所以骂人解决不了问题。"

允许孩子保留他们的尊严、自尊及权利，这样的规范会使得家庭的运作更成功。当孩子清楚了设定的规范，又有控制自己生活的概念，他就会比较少地犯错。当他学会调整负面情绪时，就不需要家长责罚和管制。这样，孩子会接受家长为公平、可靠的盟友，也就比较能够让家长与他共同解决问题了。

对 6 岁以下的孩子，无须深入解释"不对"的理由，除非他主动发问。这是因为"道理""是非"等需要运用抽象思考，是左脑的工作。而 6 岁以下的孩子用右脑学习，6 岁以上才转用左脑学习。

重要的是让孩子明白，他们的感觉不是问题之所在，而不良的言行才是问题的关键。所有的感觉及所有的期望都是可以被接受的，但并非所有的行为都可以被接受。因此，家长的职责是对行为而不是对期望设定规范。

4．策划。

帮助孩子处理情绪、解决问题，就要询问他想得到些什么，然后与孩子一起讨论解决问题的一些方法，引导他去发展自己的想法，帮助他做出最好的选择，鼓励他自己解决问题，孩子最后会领悟到：“现在我知道自己感觉糟透的原因了，而且我知道引起这些不舒服感觉的问题在哪里，我应该怎样去处理这些问题呢？”

有的时候很多问题需要家长的参与才能解决，这时家长应以爽快及愉快的态度一同去做解决的工作，而不是责骂或者批评，而且要掌握一个原则：除非事情需要家长独自处理，否则，尽量选择有孩子参与的解决方案。

人生的每次经验都会让我们学到一些东西，使我们更有效地创造一个成功快乐的未来。不明白这个道理的人，会抱怨人生不如意的事情太多，因为问题总是不断地出现。而明白这个道理的人，则不断进步、享受人生、心境开朗、自信十足。当孩子很小的时候，便应该教导他懂得这个道理，而经过上述的接受、分享、肯定和引导三个阶段，现在正是恰当的时候。孩子已经知道了行为的范畴，于是家长可以用话语去引导孩子想出其他的处理方法，以便将来有类似情况出现时，孩子有更好的应付能力。

家长可以引导孩子从以下几个方面去想想：

> ·如果重新来过，你能想到其他的处理方法吗？
>
> ·下次同样的情况出现，怎样才是更好的做法，什么做法能使效果更理想？
>
> ·避免同样不如意的情况出现，你可以采取哪些预防措施？

家长可以说：

“刚才小刚走过来的时候，你要怎样说，他便不会拿走你的游戏机？”

“为了避免你不在的时候别人拿走你的游戏机，你可以想出多少个办法？”

“你可以怎样和妹妹商量一个公平的方法，去安排每一次谁坐在车子的前座？”

三、亲子问题解答，教你如何解决亲子问题

（以下案例是在亲子讲座中家长提出的，李中莹先生的回答摘录。）

问：“男孩，3岁半，独子。很易动怒和发脾气，不易去认错，唔衰得！（‘唔衰得’是广东俗语，意思是不能被别人看低）。李先生，我要怎么办？”

答：独生子是很容易出现这种情况的。理由是平时成年人把他捧得太高了。因为只有一个孩子，所有人都疼惜他，老说他有本领、

说他好、说他乖等。这样，他当然认定自己有很高的地位。而另一方面，成年人往往忽略了去教孩子发展出足够的能力以支持这个地位，做出配合这个地位的事情。既然说得他有那么高的地位，但他又无能力做出配合这地位的事情来，他的内心当然辛苦，发怒和有脾气便是表现。

我的建议是：第一步，用EQ型技巧处理孩子的情绪，去消解他的脾气。每次孩子发怒时，先照顾他的情绪。

第二步，为他制造培养出能力的机会，多找些他能力范围边缘而花时不多的事情让他做，更能暗中助他提高能力（而不是代他完成），例如无意中说出方法等。做得好，告诉他做得好；做得不好，告诉他不够好，同时说知道他还可以做得更好，相信他有这种能力。用这样的鼓励去不断引导他。

第三步，不要强迫他立即认错。事实上他不认错是表示他的自信心不够。自己内在的能力已这么少，再去认错，岂不是变相地表示自己的力量要再减少？他一定不肯的。

如果用得好的话，他这份好胜要强的个性可以推动他去提升自己的能力。因为他要在人前展示本领，所以可以引导他去学，引导他做得好，不断地鼓励他，使他真的不会在人前失败。在别人面前不强迫孩子认错，之后两人私下谈谈怎样帮他，让他能掌握有关的能力，把事情做好。这样，他内心会产生很多自我推动的力量，同时感到家长是真的支持他的。

这个孩子似乎已建立了一个心理模式：就是不敢去做，做不到又发脾气，要别人替他做。若是这样的话，他长大了便会十分依赖身边的成年人。如此，他不能发展出成功的、自己的力量。所以在改变他的过程里，他可能会有脾气，或者有情绪。家长应该在环境许可下，用耐性去引导孩子。

譬如，当他坚持要你为他做点事情，或者要你买东西给他时，若你认为不应该，便不要做，不要买。这样，他当然有情绪，可能哭闹。但你不要因为他有情绪，或者那情绪已维持了很久而改变立场。你要坚持立场，只不过同时要运用EQ型处理情绪的技巧。例如他哭闹，你便走过去用EQ型的第一个步骤来肯定他的情绪，用轻柔和同情的语气说："怎么了，觉得不开心吗？觉得很凄凉吗？看见你这样子，我心里也很不舒服。"就这样分享他的情绪。初时，他可能表现出赌气的态度，拒绝你的关怀。这时，你可以走开，一会儿再回来，依然用同样的方式跟他说话，意思是表明你对事情的立场是坚定的，但在情绪方面，仍可与他分享，因为你明白和在乎他的感受。甚至，告诉他，他有这样的情绪，你觉得难过，因为你是很心疼他的，见到他这个样子你的心里不舒服，但这件事确实是不应该的，但是两人谈谈，可能会找出其他的办法。用这样的方式，家长可以慢慢地改变孩子的情绪模式，使他渐渐地学会用更有效的方法来处理同样的情况。

我建议家长参考其他的有关技巧，例如怎样称赞孩子，怎样帮助孩子建立耐性，怎样让孩子注重过程多于结果，教他不要和别人比而只和自己比等，这些对孩子都会有帮助。

每种情绪都有正面价值，接受它进而去处理问题。

孩子在成长过程中，必须能尽情地发挥本有的能力。

教导孩子以非破坏的方式表达负面情绪。

家长的责任是引导孩子学会处理人生中的欲望及每次的得失。

伤害了孩子，家长要道歉。

家长把自己当成孩子的盟友，则更容易引导和教育孩子成长。

帮助孩子去捕捉内心的情绪。

对不适应的行为设立规范。

人生的每次经验都会让我们学会一些东西。

第九章

一分用心＋一分技巧＝一片和谐——普遍适用的亲子技巧

家长掌握有效的沟通技巧，能够达到以下的效果：

- 孩子更听家长的话；
- 家长更能引导孩子做出良好的行为；
- 家长、孩子之间的感情更为融洽；
- 孩子能更好地成长。

每个孩子都在不断地学习，目的是掌握他日成年后独立生活时面对世界种种挑战的技巧。家长是他们最重要、最信赖的老师，孩子绝大部分的基本行为及心理模式都是从家长那里学过来的，家长不仅仅是孩子的模范，更是他们求教的对象。

但是在实际生活中，很多家长出于种种原因没能和孩子达成良好的沟通关系，这往往使家长非常苦恼，而孩子更是只能在黑暗、迷惘中摸索，经常做出错误的判断，而且很容易建立错误的信念与行为模式。

其实，很多家长管教孩子失败的原因，是在生活和情绪上与孩子远离。如果孩子被认为顽劣，家长会与孩子更远离，而这又将进一步加深孩子的顽劣并使其更难管教。

家长花足够的时间与孩子在一起，对孩子的心智成长至为重要。足够的时间并不单指在“量”方面，即每天多少个小时，而是质、量并重。今天的家长普遍需要花大量时间在工作或其他事情上，能够给孩子的时间远比上一代少，这更需要注意运用这些时间的方式和效果。

在这一章里，我将针对上述情况，集中阐述家长与孩子的沟通技巧。我建议家长在学习这些技巧之前，首先再看一次本书第二章的内容，尤其是“亲子关系十个基本要诀”。

另外，以下几点请家长牢记于心：

1. 情绪本身不是问题，真正需要处理的是导致情绪出现的事情或过程。情绪有重要的意义价值，它给我们力量或者给我们指引方向，让我们知道哪些事情需要处理，有什么东西需要学习，从而日后能够把事情处理得更好，让我们的人生更成功和快乐。

2. 家长对孩子的长远目标是孩子有成功、快乐的人生。家长所有的行为及思想都应该针对这个目标而设，以效果作为衡量的标准，而不是闭着眼睛不看实况，只知一味强调自己如何正确、如何有道理。

3. 在很多家庭里，孩子的问题已经存在多年，根深蒂固，家长不要希望能快速地改善情况。家长需要明白，他们要的是效果，光是说得对、做得对而忽视效果是否出现，是白说白做，甚至会使情况更糟。我们应该持有的态度是：运用书中的技巧，如果得不到满意效果但没有大的不良效果时，应该继续下去。若在实施任何技巧中，孩子有过分强烈的情绪反应，家长不要坚持，而应该改试书中介绍的其他方法，或者请教专业的儿童心理辅导师。

4. 这些技巧，无须全部都做，而应该按实际情况的需要加以灵活运用。事实上，同时运用太多技巧不但得不到效果，反而会让孩子感到压力很大，引起孩子反感和反抗。无论怎样的情况，必须先有和谐的气氛，才会有良好的效果出现。

一、赞赏会让孩子更知道如何行动

（一）直接说出孩子受到赞赏的原因

很多家长喜欢用“很棒”“很乖”“很好”“这样才对”之类的词语去赞赏孩子。“棒”“乖”“好”“对”都是抽象的词，本身的意义只是反映家长内心的认知感觉，凭借的是家长的一些主观标准，孩子无法因此理解和学习到正确的自觉行为。到底怎样的行为才能得到这样的赞赏，孩子无法清晰地领悟到。

试举一例：小明拿出他的糖果送给刚到访的客人吃，得到家长一句“小明真乖”的赞赏；当他第二次这样做时，家长因忙于自己的谈话而对此表现出冷淡的态度；当孩子第三次送来糖果时，得到的是“不要妨碍大人谈话”的斥责。他的内心因此充满失望、懊恼和疑惑：“究竟这个行为是应该做的，还是不应该做的？”

要想帮助孩子明白家长要表达的意思，并且学到正确的做法，家长应该避免使用上述抽象的词语，而是直接说出孩子受到赞赏的原因，即孩子的行为。第一次，孩子与访客分享他的糖果时，家长可以说："小明肯与别人分享自己的糖果，表示你是大方、慷慨的孩子，真乖！"在第二次时，家长可以说："我们都很喜欢小明的糖果，但是现在我们有重要的事讨论，暂时不想吃糖果。待我们想吃的时候再向你要，好吗？"孩子被家长和客人接受、肯定和受到尊敬的对待时，会比较容易接受建议和做出相应的良好行为，便不会做出第三次不恰当或不适时的事，更不会因此受到斥责，继而感到迷惘和委屈了。

这样能够教导孩子做好自己本分的事，家长也可以运用上述的方式赞赏孩子，只是要注意在表述的话语中说明孩子受赞赏的原因。很多孩子总是喜欢乱闯乱搞，其实就是因为需要那一声夸奖而不知怎样才能得到。

（二）强调过程比成绩更为重要

然而，只强调孩子的成功，也会带来问题。很多孩子没有耐性把事情做好，但同时又需要家长的称赞。这样的孩子，容易养成"走捷径"的行为模式，甚至采用一些不老实的方法，但求有成果得到称赞。这种性格的孩子长大后会追求侥幸、不踏实的行事作风，做事华而不实，只求表面；又不能吃苦，没有耐性，对事情不肯深入研究，只要能取得效果甚至愿意做违规的事。家长对孩子使用正确的赞赏方式，同样可以避免孩子培养出上述的性格。

例如，当孩子默写得到90分，或者画了一幅很好的图画时，在称赞他的话中应同时称赞他得到这个成绩的过程，要强调这个过程比成绩更为重要。家长应该不断地表示出“只要有这样的过程，成绩倒不十分重要”的看法，这会令孩子慢慢建立注重过程的态度，肯用时间去研究和改进，更乐意一次又一次地去做同样的事。这并不是说要否定成绩，而是过程 7 分，成绩 3 分。这样，孩子累积了较多的经验，成绩自然会更好。家长可以对孩子说：

“默写得到 90 分真是太好了，我看这全是因为你在默写前的晚上，专心温习，没有看电视。这样集中精神把书读好，做足充分的准备，真有价值啊！”

“这幅画画得很好，听说你花了三个小时细心地画，想不到你能有这样的自制能力。其实做什么事都一样，肯花三个小时去做准备，成绩一定会好。”

强调孩子工作的过程，比称赞孩子的成就更为重要，因为人生里没法保证做每一件事都成功，但是没有恒心和毅力去做，则连可以成功的机会都不会有。在孩子成长过程中，因什么事取得成就得到称赞往往不是最重要的事；相反，孩子能够养成努力和踏实地去把过程做好的能力，才是他日拥有成功、快乐人生的保证。

二、和孩子共度快乐的“黄金时间”

“黄金时间”是指家长与子女做一些双方喜欢一起做的活动。在活动中由孩子主动控制活动的进行，家长则在其中致力于一些改善关系的行为。每周都应该有至少一次“黄金时间”。这个方案共有四个步骤，最好是由家长与孩子共同执行这四个步骤，用认真的态度做出一份“黄金时间活动表”，贴在家里显眼的地方，使孩子感到家长对这件事的重视。“黄金时间”对改善亲子关系有很大的功效，所以请家长特别注意。

（一）挑选活动

尽可能列出家长与孩子喜欢一起做的活动，越多越好。这些活动必须在 30 分钟至 45 分钟内做完，并且花费金钱不多。

请至少让孩子挑选 10 项至 12 项这样的活动。例如：

1. 去公园散步；
2. 骑自行车；
3. 去邻街的商铺买雪糕吃；
4. 公交车坐五站后，再走路回家；
5. 开车兜风；
6. 拼图；
7. 玩电脑游戏；
8. 做蛋糕；

…………

（二）定下“约会”

每周最好有一次或一次以上的“黄金时间”。在那段时间里，家长与孩子共同选出某一项活动一起去做。双方必须约好每次“黄金时间”的日子、时间，并且在日历上写清楚。若有急事出现，首先使彼此都了解情况然后再约定改期。

家长认真对待约会能使孩子感到受重视，所以清楚约定并写在日历上很重要。若屡次改期或失约，孩子会对家长的诚意有所怀疑。

（三）家长采用新行为模式

在“黄金时间”里，让孩子决定活动的进行，家长则把注意力放在改变言语及行为的模式方面。

活动中，以下言语及行为应该增加：

1．嘉许。

例如：“这看来很令人满意。”

“你做得很在行。”

“我看得出你很细心。”

2．描述。

例如：“你在考虑应该要哪一个。”

“你的衣服上有点雪糕。”

“你正在细心观察，看看有没有认识的名字。”

3．接触。

家长应该多与孩子有身体上的接触，例如，拥抱、拍拍孩子的肩膀、握手、亲吻孩子的脸、让孩子拉着你的手等。

同时，应该避免或减少以下的话语：

1．质询。

例如：“你为什么那样生气？！”

“你可不可以走得慢一点？！”

“为什么你不把它拾起来？！”

2．命令。

例如：“把玩具收拾好。”

“把自行车停在那边。”

“你去买票。”

3．批评。

例如：“那样太难看啦！”

“你这样做不像样嘛！”

“你不应该用这样的态度！”

家长会发觉孩子对前三种类型的语言及行为有正面的反应，会表现得越来越积极、有自信、开心和合作；而对后三种类型中的语言及行为表现出退缩、紧张或者抗拒。

（四）活动完结后要讨论

每次“黄金时间”完结后，家长最好与孩子一同讨论各人的观察和感受。家长应特别注意孩子所说的话，以增加对孩子内心的了解，并且多跟孩子说些鼓励的话。

表 9-1　黄金时间活动日期

我们一致同意，喜欢一起做以下的活动：

姓名：

签名：

1		11	
2		12	
3		13	
4		14	
5		15	
6		16	
7		17	
8		18	
9		19	
10		20	

三、亲子沟通中的“多一些”“少一些”

如果你的家庭里出现以下“问题话语状态”，就说明你们家庭成员之间没有达成良好的沟通。

意思不清晰不明确；

相互指责；

喋喋不休；

无心聆听；

打断别人说话；

否定别人；

高声吵叫；

离题；

答非所问；

晦气恶声；

人身攻击；

不断抱怨。

这样的状况，会令参与者无心沟通，以致对以后的沟通也没有了兴趣，甚至会觉得这是一件苦事，往往还可能因此产生冲突、吵骂。

我在这一节的最后附上了一份“沟通 20 条”的表格，就是为了纠正上述沟通模式而设。家长可以独自看着“沟通 20 条”，对自己与孩子的沟通情况做出检讨，在下一次与孩子沟通时，可以按“多一些”的内容尝试着去做。

如果家庭气氛容许的话，家庭全体成员一起参与“沟通 20 条”的制订，将会更快产生彼此达成良好沟通的效果。做法如下：

1. 家庭会议。

举行一个家庭会议，发给每人一份“沟通 20 条”。首先讨论一下“少一些”的情况，要求每人自我检讨有哪些是自己常犯的。如果讨论的气氛足够融洽，每个人的语气及态度都能够维持在积极融洽的状态中，那么也可以互相说说希望家庭其他成员“少一些”出现的情况。然后，每人从“多一些”栏中挑选两项当众宣布，这将是他在未来的一周至两周内刻意掌握的技巧。通常，这两项与他常做的“少一些”的情况相反。

最后，每人做出一份“沟通技巧自我训练表”。

2．下一步是练习。

家庭成员轮流示范及扮演每一种“少一些”和“多一些”的情况。例如，你扮演“长篇大论、说教”，你可以这样说：“当我叫你去收拾房间时，你应该马上去做。如果你仍不能学会自己收拾房间，你的一生都会乱七八糟，做什么事都难以成功。你不容易找到一份好的工作，也不会有愉快幸福的婚姻生活。试想想结婚后你的家总不收拾会多么难看。当我像你这么大时，我不用爸爸妈妈提醒，就会自动自觉地去收拾自己的房间……”然后叫其他人说出感受。跟着，你可以针对同一情况示范一次简短而直接的说话：“我想你现在去把房间收拾整齐，你愿意吗？”再问问众人的感受。

用这个方式，让每一个人都感受到不好的沟通模式会使对方多么难受。

3．正式运用“沟通20条”处理家庭中的争端时，参与者要人手一份。

最好先用一些过去的、简单的、不严重的事情做试验，例如今晚看什么电视节目、周末去哪里之类。如果家里有录像机，可以拍摄一次运用过程，然后一家人坐下观看并讨论，会有很大的效果。

4．当家中众人都已经熟习了这套沟通技巧后，在讨论其他重要事项的时候，也可以使用“沟通20条”的方式进行。

重要事项的讨论，包括订立家庭规则、订立做功课规则、检讨学业成绩或任何重要的家庭事项。

5．为使一家人能经常运用“沟通20条”，可以考虑以下的做法：

·把“沟通20条”张贴在显眼的地方，例如冰箱门上。

·每月定期讨论一次，各人每次挑选两条作为未来一个月里需要特别注意的改变。

·在最初开始做时，每人可以挑选两条，并且定下运用时间，到期时自我评价，家中其他人也要给予审核意见。

表9–2　沟通20条

少一些	A	B	多一些
长篇大论、说教			简短句子，15个字以下
埋怨（“都是你不好”“你本来就不应……”“是你使我……”）			用“我”开始的句子，对自己行为负责（“每当你发怒，我觉得很担心。”）
不清晰、不明确的句子（“乖一点”“不要这样，好不好？”）			用直接、确切的句子（“我想让你停止说激怒妹妹的话。”）
“以偏概全”式的询问（“为什么你总是这样的？”“你从来没有听过一次话。”）			用描述方式直接说出事情（“听到你这样说，我觉得你没有做到最好。”）
聆听时眼望他处、静默对待、双手交叠相向			聆听时看着说话的人、身体前倾、点头
打断别人的说话			让每个人充分地表达他的想法，再说出自己的意见
不确定自己是否真的明白别人的意思			肯定自己真的明白别人的意思（复述对方说过的话或者做配合性的回应）
大声吵叫			用平和、正常的声调谈话
讥讽、嘲笑对方			直接、明确和诚恳地说出自己的意思

（续表）

少一些	A	B	多一些
频换题目，或者同时讨论多个题目			处理完一个题目再处理下一个
提起旧事、算旧账或发出恐吓（“现在不吃，晚上不准说肚子饿。”）			集中于此时此地发生的事情（“不想吃饭，是否感到不舒服？”）
身体语言与所说的话不相符（没有配合声调、表情或手势。）			身体语言与所说的话一致
将情绪隐藏于心里或不肯承认内心的情绪			适当地表露内心的情绪，使对方感受到自己的诚意
不良的面部表情：晦气、不屑或使人生气的表情			面对别人时有和蔼的面部表情
片面猜测别人心里的想法、自以为是			真心地听取别人的见解，提出问题去确保自己明白别人的意思
用使人泄气的话或威胁（“你这个人一点用都没有”“你真令人讨厌”“你再这样，我便……”）			用EQ型用语（“我担心你的成绩”“似乎有些事情使你不开心，可否谈一下？”）
不理睬对方、不回答			真心诚意地对话
一面说话，一面做其他事			放下手中事，诚恳地对话
永不认错			有错时承认错误
不断地教导或训话，不理会别人是否接受			用平等的地位与心态对话，适可而止

四、关注、支持孩子喜欢的活动

大人有大人的事情，孩子有孩子的情况，而家长能够主动关注孩子喜欢的活动并给予支持，对于促进家长与孩子之间的关系、改善孩子的行为模式、约束孩子并使孩子学到新的技巧非常有帮助。具体可以这样做：

1．与孩子一同讨论，然后列出孩子喜欢的活动。这些活动必须是孩子自己真正喜欢的，而不是家长强加给孩子的；这些活动也必须确定没有实际执行上的困难。例如：

允许孩子吃他最爱吃的甜品；

去孩子最爱去的餐馆进餐；

做特别的小吃或糕点；

制作某些小玩具；

获得某一种运动器材；

购买某歌星的唱片或影视光盘；

重新收拾、装修孩子的房间；

家长无条件地陪伴孩子 30 分钟；

邮寄信件、做某些家务；

准许看某些电视节目；

就寝时间推迟 30 分钟；

邀请某个朋友来家吃饭或者留宿；

获得与某一位家人或朋友单独相处的时间；

一同去看戏；

参加演唱会或者音乐会；

去参观某个博物馆；

去某个特别的地方，如某条街道、某个商场、海边或者乡村；

允许参加某次大型活动；

准许孩子去露营；

在家举行聚会；

允许孩子在某个亲戚或朋友家里过一夜。

一份有 10 项至 12 项活动的清单已足够了，这就是孩子“喜欢的活动清单”。

2．每当孩子达到了规定的良好行为指标，就允许他从清单上选出一项作为奖励。

3．如果孩子想得到一份格外巨大的奖励，可以定出一个得分制度。例如：孩子想让家长买一套他专用的摄影器材，家长与孩子共同选定了他心目中的牌子和款式后，可以把这个目标定为 100 分，同时定出一系列良好行为及其得分标准。重要的是孩子每天都可以凭做一点事而得分，使他保持积极高昂的情绪。

4．奖励不一定是“额外”的东西，对一些孩子享有的特权，为了使他不会觉得本来就是应得的，家长可以先行收回，再运用上述的定分制度让孩子再把它“赚”回去。例如借用家长的电脑玩电子游戏。

5．奖励无须一定是物质上的。物质奖励会很花钱，而且多用会失去吸引力。事实上，孩子很喜欢有与家长一起和谐融洽共处的时间，与家长一起做某些事对很多孩子来说，是让他们开心、对他们很有吸引力的奖励。

6．除了和孩子一同列出的清单外，家长还需要私下准备一份后备清单。孩子会对一些活动感到厌倦，每当这个情况出现，家长便应与孩子一同检查现有的清单，看看需要做出哪些更换，然后从后备清单中选出新的作为补充，例如将上述 21 条中的 12 条列入清单，余下的 9 条可保留备用。

五、“太空时间”，忘记一切不愉快

“太空时间”是家长和孩子共度的一段很特别的时间，它是一个能够挽救濒临破裂的亲子关系的技巧，是当亲子关系出现危机时的紧急处理机制，就像是停电时的手电筒，或者火灾时的备用灭火筒。

在“太空时间”里，双方要把所有不愉快的记忆或者情绪抛开，就像坐火箭去了太空，把所有不愉快的事留在地球上。在“太空时间”里，孩子可以毫无拘束地说出心里的话，而家长也要毫无保留地献出关怀、支持及爱，目的是防止一些原先存在的情绪或态度形成隔膜，使亲子间的沟通中断，让孩子感到无助。

“太空时间”机制的建立，需要家长与孩子在双方心情都很好时一同坐下，谈清楚规则及实行的程序。家长或孩子都可以提出进入“太空时间”的要求，并且不设立任何先决条件。一般“太空时间”不应少于30分钟，最理想的是1小时左右。

在“太空时间”里，双方不再争论或互相抱怨、不提起未解决的事、不算旧账、不谈判、不逼对方，而是相互坦诚地说出内心的情感需要，说些大家在一起时快乐的事，谈一些大家可以一起做的开心事，把对方视为最可信赖的朋友。若家长惯用批判、否定对方、高高在上、只理性思考不关注感觉、坚持本人地位超越一切、自己从来没有错误、容易发脾气等态度和行为模式，“太空时间”不会有什么效果。这个技巧的成败操控在家长手里。

当需要用“太空时间”时，亲子关系已经需要非常处理了。所以家长必须明白并不断提醒自己，让自己可以维持一个抽离的态度，去跟随上述的指示把一次“太空时间”做出效果来，这对于维护良好的亲子关系有特殊的作用，而在这个过程中，家长也必须提醒孩子跟随上述指示。

“太空时间”用在家长之间也十分有效。

六、家长“会说话”，孩子才“会听话”

很多家长很注重“孩子听话”这个问题。问他们孩子最大的问题是什么，他们会脱口而出：“就是孩子不听话！”对他们来说，孩子听话就是“乖”。家长之间的见面问候，经常挂在嘴边的也往往是：“近日怎样了？孩子听不听话，乖不乖？”

其实，在孩子听话这个问题上，家长一定要避免一个误区：听话的孩子才是好孩子。

（一）听话的孩子才是好孩子

我经常在亲子讲座上问台下的家长，他们对孩子长远的期望、未来的理想是什么。把他们的回答综合起来，不外乎以下一堆：出人头地，对社会国家有贡献，受人尊敬，诚实有礼，有爱心，对家庭负责，事业有成，做一个成功快乐的人，等等。我再问家长：“为什么今天孩子不听话，他日就不能做到上面的任何一点？”

可以说家长对孩子绝大多数的不满意，例如顶嘴、不做家务、爱打电话、贪玩、不爱看（或者看得太多）课外书……这些其实都与孩子他日的成就没有一定的关系，这给我们的启示是：家长无须太过执着于孩子今天的一点瑕疵，那不是太大的问题。

孩子“不听话”的情况经常出现，会使家长产生很大的情绪反应，但其真正原因不是担心孩子他日的失败，而是自己的家长权威和尊严受到了挑战，家长本身的一套信念、价值观和行为准则受到了冒犯。家长表面（理性层次）的道理是：“这样下去，孩子不能成长为成功的人。”而内在（感性层次）的原因，其实是自己的权威地位受到了挑战，或是觉得对孩子的失控，或是想把自己人生经历中所得到的教训套入孩子的人生中。

我得首先声明，我不是鼓吹孩子不要听话，我是想帮助家长明白，真正需要孩子听话的机会不多。且容我用以下几点做出解释：

1. 多听话便少用脑，这是很自然而且简单的道理。多动脑筋，一个人便会多办法、多突破。反之，凡事只要听话便解决了，大脑没有运用的机会，便不能发展出更高的智力。

2. 听话是倚赖性格的温床。一些家长为孩子做好了安排，孩子只要听话便事事妥当。这样的孩子长大了便会是一个软弱无力、凡事都要有人说“话”好让他去“听”的人。想象一下，若你的女儿在成长时十分听话，中学毕业后你送她去英国读大学，她的生活环境一下子改变了，身边没有家长说“话”给她“听”，她也许会把第一个认识的男孩当作父母的替代品，而跟定了他。这也许不是最理想的恋爱婚姻历程吧？

3. 孩子出生时没有半点的自主能力，而18年、20年后，家长总是希望孩子已经掌握了充分照顾自己的能力。那就是说，孩子的成长应该每年培养出大约5%的自主能力，也就是每年少了5%的“听话”。家长的责任是帮助孩子成长，也就是发展出孩子的自主能力。家长习惯了享受孩子听话的安心和方便，便会容易忘记这份使命了。

4．家长总是希望下一代比自己更好。但是，若要孩子完全听话，再好也不会超过自己，更何况模仿另一个人，孩子再好也只会学得八成，那结果更可能会一代不如一代了！故此，若真的想下一代比自己更好，必须容许孩子不听自己的话。

其实，家长应该引导孩子运用自己的头脑思考，明白事情应该怎样做，更因为事情能够给他足够的价值而主动地做。若孩子总是主动地去做应该做的事，那又怎样会有听话的需要呢？

没有两个人是一样的，虽然是自己的孩子，他也不可能在每一件事情上与你有绝对相同的看法。其实，这也是使他成长后更有成功可能的保证。试问在今天的社会中，有多少在二三十年前奏效的做法现在仍然有效？要使孩子在21世纪出人头地，那么头脑更灵活的他，将比事事听话的他，有更大更多的机会。家长应教会孩子怎样去看、听、思考，找出最多的可能性，懂得做出好的决定（三赢，有效），自动积极地执行那个决定，有效果便继续做，没有效果就改变，更能够为自己的决定与结果负责任。这样的孩子便能够有成功快乐的人生，家长也没有“听话不听话”的问题了。

家长必须让孩子听话的情况也是有的。

第一类情况就是孩子还小的时候，学习基本的生活技能，例如刷牙、倒水喝等。这些事情，在做的过程中加点乐趣便容易做到。家庭中的规条也是一样。规条不要太多，用轻松的态度处理，孩子便容易遵照执行。

第二类就是在紧急的情况里，没有时间做出详细的讨论，家长必须要求孩子对他绝对信任，就像一个士兵在战场上接受上级的指令一样。只是要注意，这份特权若经常使用，很快便失去效果（孩子干脆就不听你的)。故此，平时没有大不了的事，家长最好避免用“听话”这一招。而在特别情况下，例如可能有危险时，家长便能有效地做出这个要求了。

在一般的情况里，就算孩子只有两三岁，家长也可以避免用“听话”二字去推动孩子。六七岁前的孩子不能明白复杂的道理，只用愉快的感受去推动孩子便已足够。6岁至7岁以上的孩子，可以与他谈论个中的道理了。

（二）怎么做孩子才会听话

虽然我们前面说了孩子不一定要听话，但是在生活中，家长难免还是会对孩子发出很多指令，要求孩子遵从。那么，我们不妨一起来找一些效果好一点的办法。其实令人奇怪的是，当家长接受了前面所说的“引导孩子学会自己正确地思考，从而做正确的决定、正确的事，比听话更重要”，孩子反而会更听话！

孩子需要从小培养出良好的生活习惯并配合家庭的整体生活规律，要改变家长叫孩子去做某一件事而孩子不去做的局面，需要家长和孩子分别改变各自的言谈和行为。

1．发布指令要明确而简洁。

家长发出的指令若属于以下的一种，较容易被孩子抗拒：

不清晰。例如：“你要乖一点。”孩子会不知道如何才会做得好。

用询问的方式。例如：“你可不可以拾起那件玩具？”孩子会觉得也可以有“不可以”的选择。

附加道理。例如："你要换衣服了，不然的话，你会迟到。"这给孩子一个信息：任何事，有个道理便可以支持，孩子会用不同的道理去支持他的不同做法。

多个指令（过多指令）。例如："收拾玩具、整理卧室、洗手，然后来和我们一起吃晚饭。"向孩子发出一个又一个的指令，孩子会感到混淆，也会感到力不从心，索性放弃。

重复指令。同样的指令，重复又重复地发给孩子，孩子会以为发出的指令未必需要遵守。

正确有效的指令应该是：

用正面词语。这样的语句一般没有"不"字。例如："不要到处乱走！"对孩子基本没有推动力，而"走过来坐在我身旁"，就清晰易做了。

清楚明确，即给出实际可以做得到的行为指令。例如："不要太过分"，孩子往往不会很明白，而"拿了自己吃得下的就返回座位"，便清晰易做。

一次一件事，用字不超过15个字，简单易记。指令只发出一次最为有效，发出时应确保孩子正在聆听。

2．有效地警告。

习惯了抗命的孩子未必会马上听令，若孩子表示出抗命的态度，家长需要同时发出一个警告。有效的警告应该是清楚、明确、简短的，句式为：“如果（你不听从指令），你将会（得到的惩罚）。”

警告也应该只发出一次，让孩子最终学会遵从“只说一次”的指令。开始时孩子会沿用过去抗拒的态度，家长可以从 1 数到 5，若孩子仍未听命，家长应该实行定下的惩罚。

3. 适度地奖惩。

若孩子改变了过去抗拒的态度而听从家长的指令，家长可以让孩子在“喜欢的活动清单”上挑选一项作为奖励（请参考前面“与孩子一起进行的活动”）。若孩子坚持抗拒的态度，家长不应与孩子进行谈判或者做出妥协，而应直接对孩子实施预先定下的惩罚。

惩罚无须重大，轻微即可，目的只是教导孩子明白他应该听话。轻微的惩罚但坚决地使用，会比重的惩罚更有效果。一些轻微惩罚，如：罚坐在椅上 5 分钟，或者收回一些特别的权利，例如不得收看当天晚上的某个电视节目，对孩子来说都将非常有效。

4. 掌握原则。

家长自然渴望孩子听自己的话，但是经过细心分析，会发觉不少话未必需要“听”，或者绝对、全面地“听”。以下几点对家长想使孩子听话的努力会有所帮助：

家长发出指令和实行惩罚，都应该用一种心平气和的态度进行。不然的话，孩子只会觉得家长是在发泄怒气，而不是在做一些对孩子有好处的事。

孩子在 10 岁至 12 岁之后，常会尝试用一些不同的方法处理生活里的事，这是他成长过程中必然出现的，而且是良好的学习自立的途径，家长不要认为这是孩子故意抗拒他的指令。

家长应该明白孩子抗拒一两次指令，并不会构成重大的损害，尤其是当家长看到孩子甘心接受惩罚时，更应该明白这个道理。

孩子抗命的习惯，往往自婴儿时代便已开始建立，家长理应明白孩子不能一下子便改掉。家长必须有耐性，必须提醒自己坚持，甚至准备经历 10 次至 20 次后才开始有成效。

家长也应反省自己是否有应该注意的地方。有些家长，简直是不停地给孩子发命令，旁人听到都有疲于奔命的感觉，孩子自然而然就对命令麻木了。也有些家长处处说孩子的不是，孩子变得一点自信都没有，对家长所说的话，便不知道哪些应该听、哪些不应该听了。

惩罚完了，事情便结束，除了写入下面介绍的“听话统计”表之外，家长不应旧事重提。

一般来说，孩子年龄越大，越不喜欢接受太多的指令，尤其是经历过 10 岁至 12 岁的阶段。

应该同时运用本书中的其他技巧。

5．统计效果。

为鼓励孩子听话，家长可以参照表 9-3“听话统计”表让孩子了解大体上他是否听话，并且有没有进步。家长最好在孩子心情好的时候，提出和孩子一同实行这个“听话统计”表，可以每天统计结果，较忙的家长可以选择每周统计结算。若统计的结果中听话次数够多，可以让孩子在“喜欢的活动清单”中挑选一项作为奖励。

表 9–3　听话统计

姓名：

日期：

	星期一	星期二	星期三	星期四	星期五	星期六	星期日
听话							
不听话							
当天统计							

（三）怎么做孩子才会即说即行

很多家长问我：孩子的某些问题，经过多次努力仍无法改变，应该怎样做？在谈话中我发现家长们都有一个共同点，就是坚持着一个他们认为“对”的方法，虽然没有效果，他们仍然不断重复这个方法，每次运用，期望的效果都没有出现，但是在下一次的同样情况里，仍然本能地使出这个方法。这样的例子数不胜数：

1.“每次要他做事，都要叫他十多次，直到我生气他才动手。”

2.“每次他错了我都会好好地与他坐下来教他一番道理，他也答应改过，可是，不到两天，他又错了！”

3.“我总是无法叫孩子爽快地把饭吃完，每餐都等他一个小时以上才能收拾洗碗，人都快累死了。”

4.“每次都与他说好了先做功课再看电视，可是放学回到家里，他二话不说便打开电视机，坐在那里 3 个小时动也不动。”

…………

也许你也有你的类似版本，解决问题的关键在哪里？

在家长身上！别抵触我这么说，这起码能给家长一个安慰：控制权仍未失去。因为关键在于，家长是在反复用一个无效的方法处理孩子的行为。既然已知方法无效，却仍然再用，请家长问问自己：这会有怎样的结果？当然是没有效果啦！

一位家长对我说，他平均叫孩子七次，孩子才会按指令（要求）去做事。我问他："你用了什么方法告诉孩子，你叫他的最初六次是无须听从的？"孩子们都足够聪明，任何指令被重复七次他才去做其实没什么大不了的，这样的过程只要重复两三遍，孩子便会知道最初六次是无须理会的了。

一个人做一件事，不是为了得到一些乐趣（正面价值），就是避开一些痛苦（负面价值）。孩子不听家长的指令而继续他自己的行为，是因为不听家长的话没有什么负面的价值（家长用重复的经验告诉了孩子这点），而继续他本来的行为能维持一些他追求的价值，这些价值对家长来说可能难以理解，但是如果没有这些价值，孩子根本不会做出那些行为！

明白这个道理，家长要想改变状况，可以考虑以下的方式：

1. 家长改变在这件事上的处理模式。这就是说，改变所用的语气、文字、态度及行为。因为过去的做法已经证明无效，所以不论你怎样改变，都能比重复过去的方法多一个成功的机会。小心：不要以为一改变方法孩子便马上"听命"，他不会相信家长这次是来真的，会看看你是否坚持。

2. 假如孩子没有听令，而继续的行为带给他的正面价值是家长可以认同的，例如看课外书、下棋、运动等，那么帮助孩子安排更适当的时间和空间以获得这些正面价值。

3．上上策不是要孩子听话，而是帮助孩子认识和感觉到什么行为是他自己应该做的，而且从中有很多的乐趣可得。

七、规则和爱，一个都不能少

很多家长总烦恼孩子不遵守家中的规则，可他们却并没有去寻找个中原因，因而总也找不到消除这种烦恼的对症方法。这里我们就来分析一下孩子为什么不遵守规则，进而找出让孩子守规则的方法。

（一）孩子不守规则的原因

1．孩子对家中规则不了解、不明白。每一个家庭都有自己的规则，有些家长以为孩子已经明白这些规则，而事实上孩子并不明白。家长在对孩子说明家庭规则的内容之前，就期望并要求孩子遵守，孩子当然不会做得很好。家长需要明白，孩子的理解能力未必是家长以为的水平，有效的方法是与孩子正式说明家中规则的内容，然后可以要求孩子复述一遍给家长听。

2．规则太多。繁杂的规则，孩子往往一时无法一一遵守，只好采取不理会的态度。有的孩子会刻意隐瞒犯规的情况，寄希望于不被家长察觉。

3．孩子经常发现规则不一定要遵守。规则是否必须遵守，孩子的想法主要受两点影响：

·是否经常有人不遵守规则而无须受罚？

·家长是否也经常不遵守规则？

4．特殊年龄的特殊表现。孩子的脑部发育在10岁至12岁时开始进入一个为他日独立生活做准备的学习阶段，因此10岁至12岁或12岁以上的孩子会探索用各种不同方法处理同一件事，并且想知道新方法的结果怎样。家长会觉得有时孩子是明知故犯，或者故意不听话，其实这不过是他们成长过程中的自然现象而已。对于这类犯规现象，家长可以坚持规则的施行但无须过于生气。

（二）订立规则限七条

1．家长先把认为应该执行的所有规则写下来，这也许需要数天工夫才能完成。

2．挑选其中最重要的，不论孩子是否经常违反，写在“家中规则合约”上。请把数目限制在七条以内，因为这是孩子能够记得住的限度。

3．检查规则是否写得清楚明确。例如：“尽早做完功课”不如“当天的功课在晚上9时之前做完”，清楚、明确。

4．孩子习惯了遵守这七条规则后，适当改变其中内容。

5．把其他规则中一些可以勉强容忍的废除掉。反正孩子无法遵守这么多条，让他们知道家长放松了一点管制，容易换取他们遵守较为重要的规则。

6. 若家中有一个以上的孩子，应用同一份规则去约束每个人。

7. 应该特别注意的是，孩子在 10 岁至 12 岁或 12 岁以上，家长在订立关于孩子结交朋友的规则时要特别小心。有些家长会禁止孩子接触某个朋友，而孩子会甘愿冒着受惩罚的“危险”偷偷去见这个朋友。既然禁止孩子与某人交友的规则没有效，倒不如订立孩子与朋友往来的规则，例如可以与朋友去些什么地方、晚上回家的时间等。

家长认识孩子所交的朋友是一件积极而且有用的事，孩子会感到光荣。若双方家长能进一步了解对方的情况，也就能使彼此较为安心。家长用巧妙的方法处理孩子的交友问题，孩子也会明白家长重视他所结交的朋友。

（三）逐条明确签合约

1. 找一个孩子和家长都心境平和的时刻，坐下讨论家庭规则。事先准备好规则的复印件分发给孩子及家庭中的每个成员。

2. 清楚解释每条规则的意思。

3. 最有效的是家长和孩子都须遵守的规则合约，奖惩双方都用同样的标准。全部规则只是用来约束孩子的合约，孩子很快就会有反抗。

4. 与孩子相约，遵守规则多久可以得到什么奖励，违背了会受怎样的惩罚。不同规则，可以有不同的奖罚，但可以有共通之处。把规则及奖罚细则写在“家中规则合约”里，以合约的形式体现，家长与孩子共同签名。

5. 合约上的“备注”栏是为了某些例外或者可以通融的情况而准备的。

6．合约可以贴在方便和显眼的地方。

7．定下检讨日期，刚开始时一周一次，之后一般控制在两周至一个月一次。

（四）实施规则用奖惩

1．订立合约后，家长不应再处处提起孩子需要遵守的规则。只要干脆地告诉孩子他已经得到了奖品或者失去了某些特权。

2．奖励可以是让孩子在“喜欢的活动清单”中挑选一项，也可以是其他的方式。例如，孩子想要属于自己的一套音响，可以把这个目标定为100分。孩子每周没有违反规则可得10分，违反了一次扣3分；累积到100分时便一同去选购。

3．若因违背了规则而要另外施以惩罚，最有效的是取消一些特权，例如：不得使用电话两小时、不得收看某电视节目一晚、不准外出一天或者不得玩电脑游戏一天等。所有惩罚，不应超过24小时。

（五）坚持执行忌严苛

1．每个人的习惯不容易一天就改变，孩子需要一段时间才能适应，故此家长无须因为孩子未能完全做到便气馁。只要见到孩子有诚意同时情况有所改善，便应坚持下去。

2．定下的规则应坚决执行，因此在一开始时所订立的惩罚不要太过苛刻。

3．有空闲时与孩子谈谈，表示关心他和欣赏他。对你观察到的孩子的进步给予肯定，说的时候表现出开心、骄傲的表情："我的孩子真棒……"

4．斥责或执行惩罚时，家长必须注意自己的内心没有太大的怒气，最有效的态度是语气坚定而情绪平静。家长处于盛怒或其他不良情绪状态时，应避免处理孩子的过错。

表 9–4　家中规则合约

日期：

姓名：　　　　　签名：

姓名：　　　　　签名：

姓名：　　　　　签名：

理想行为	奖励	惩罚
1.		
2.		
3.		
4.		
5.		
6.		
7.		
备注：1.		
2.		
3.		
检讨日期：		

八、让好行为替换坏行为的神奇训练

一个孩子从出生到完全成长，就是经历从十分巨大的恐惧到培养出足够的自信、自爱和自尊的过程。因为一个婴儿在出生的时候，对世界完全无知，缺乏表达意思的能力，对环境毫无了解，甚至本人身体的任何部分都不能自己控制，内心有一份很深的恐惧。所以在成长过程中，孩子需要不断地学习，累积力量，更需要身边的人对他加以肯定，以逐渐洗去这份恐惧。孩子的成长当然需要很多次的肯定，但不幸的是，在传统的教导模式中，家长往往忽略孩子的良好行为，孩子每天得到的否定远比肯定多。

家长关注孩子的良好行为并给出肯定——嘉许，是家长在孩子健康成长中很重要的工作。嘉许孩子的良好行为，不但能使孩子增加这类行为，而且还会促进两代之间的感情。“好行为箱”是一个简单而有效的嘉许方法：

找一个小箱子，放在一个固定的地方，外面写上“好行为箱”，每次家长注意到孩子有良好的行为时，就把所看到的写在一张纸上，放入箱里。例如：“星期二上午，小明教妹妹做数学功课，很有耐心。妹妹做错了，小明也没有骂她。妈妈见到了，很开心！”选择适当的机会，告诉孩子你在箱里放了一张字条。最好每天在孩子睡觉前，与孩子一同查看箱中的字条。

尽量使孩子知道家长注意到了他们良好的行为，孩子便会更积极地做出那些行为了。

不管我怎么说，家长还是特别容易注意孩子的不良行为而忽略他们的良好行为。不少家长知道自己有这样的习惯但就是难以改变，因此需要一些针对性的自我训练，在否定不良行为时，一定要从肯定孩子的良好行为开始，使孩子能得以比较和明确方向。

这个训练有四个步骤：

1. 写下良好行为目标。请写下你希望孩子多做的那些良好行为，必须是用正面词语写，即没有“不”或者“没有”之类的负面意思的词语，越清晰明确越好。例如：“不要捣乱”应该换成正面词语“安静地坐下来参加游戏”。

2. 列出一张嘉许方式的清单。每当孩子做到良好行为目标中的任何一项，你便采用这些嘉许方式。找机会与孩子谈谈，先问问孩子喜不喜欢这些嘉许，再写下来。可以是这样的一些行为：说嘉许他的话；做一些嘉许性的身体接触，例如拍拍他的头，亲他的脸；微笑地点头；一段愉快的交谈；与他玩某些游戏，例如下棋；描述孩子的行为。

3. 列出一些你可以迁就、放任的孩子的不良行为。很多家长不能接受这一点，认为这些都是不好的行为，怎能迁就和放任？家长应该明白，有很多比这些更急需改变的行为，需要优先处理，例如与弟妹争吵、打架、大声骂人等。家长若想孩子更快有所改变，应该容忍这些行为，待更严重的行为改变了，再处理这些行为。

4. 定出你会如何迁就或放任这些孩子的不良行为。例如每当这些行为出现时，你的反应是自动地忽视它们，停止对孩子的注意，走开或者做自己的事等。

家长必须要有这样的心态：孩子不能一下子全部改变，他跟家长一样，都不是、也不会是完美的。比较普遍的一个例子：孩子也会生气并说些负气的话；有怒气时大力关门，有的时候大力摔玩具；不开心时把自己关在房中。上述训练使你正视到孩子的良好行为，并且加以肯定，同时使你认识到轻微不良行为出现时，你可以忽略它们。如此，你不但给了孩子更大的空间，还可以引导孩子注意并且加强他做出更多良好行为的动机。

九、家庭会议，让家庭问题不再是问题

当家庭的成员不能解决他们之间的问题时，这些问题会重复地出现，导致家庭成员之间的关系恶化，直至不能收拾。留心观察我们可以发现，这种情况出现了，家庭成员之间可能还不知道真正的问题是什么；有时他们或许会想到解决的方法，但又不能确切地实行。这类家长需要学习这套“解决家庭问题的技巧”。

（一）解决家庭问题五步骤

1. 确定问题。把问题定位，用20个以内的字把问题写出来，选用正面词语，并且注意：

· 不要埋怨任何人，或者诿过他人；分析清楚家里人是如何共同造成问题的，比如应该做而没有做、不应该做而做了等。

· 确切描述问题是什么，对问题建立共识。

2. 找出不同的处理方案。

· 众人一起思考和说出各自的处理方案，不同的方案越多越好。

·不要批判家中其他成员所提出的方案。

·在想出多个方案之前，不要讨论任何一个方案的可行性。

3．找出众人可以做到的最好方案。

·众人一同讨论每个方案实施时会出现的情况。

·关注每个成员对每个方案的感觉如何。

·决定哪一个方案最有可能成功，并且是所有成员都觉得可以接受的。

·坚持讨论，直到完成为止。

4．执行计划。

·分配工作，尽量使每个人都参与进来。

·众人合力支持方案的实行。各人说出如何支持。

·不得批评或者说浇冷水的话，如“我早就说……”等，而要用诚恳的态度讨论，给别人空间。

5．检讨有关方案。方案执行后：

·定期评核结果。说好下一次的评核时间和约会地点。

·了解家庭中每个人对问题解决的满意程度。

·若问题尚未解决，从头再做上述五个步骤。

（二）心态平和才开会

今天的家庭，很多都是“一言堂”式的家长制模式，对这里介绍的方法不太习惯，因此往往家中成员之间出现问题便难以化解。其实，用家庭会议的方式解决问题，不但会促进众人之间和谐的关系，还会使年轻一代学到与同事及朋友之间的问题处理技巧，是实用和重要的学习机会。家长的特权不但不会因此而减少，反而会更受尊重。

在家庭中推行这套技巧，需要先开一次家庭会议。这个会议必须在成员的心情都好，并且没有什么大问题存在时才举行。在会议中，各成员应讨论一下目前家庭中处理问题的方式是否有效，是否使众人满意，是否符合各个人的需要等，然后共同决定应否推行这套有效的解决家庭问题的技巧。注意这个会议只谈机制的建立，避免让某些成员把人拉进某个已经存在的家庭问题上的讨论中。应强调把机制定下来，再另择时间开会讨论那件事。建立机制的会议成功结束后，至少应休息30分钟再展开第一次会议。

（三）事先练习看效果

1．若各成员都拥护这个决定，便可进行上述的五个步骤。应该先做几次练习，可以用一些假设的问题。例如：

·意外地得到10万元，计划怎样运用；

·明年全家旅行计划。

2. 应该使用“解决家庭问题工作表”写下每一个步骤所得出的结论。家中若有摄像机，可以把练习过程拍下来，以使各成员能更清晰地看到自己的表现及这套技巧的运用效果。

（四）家长依然有特权

练习过后，每当家庭出现问题或争执时，可以运用这套技巧。运用时，应注意：

- 每人手上都有一份上述“解决家庭问题”五个步骤的指示；
- 每个人已经熟用亲子“沟通20条”；
- 严格遵守程序，完成一个步骤再做下一个。

要向孩子指明，并不是家庭里所有的争端都必须运用“解决家庭问题工作表”去处理。家庭仍然是由家长主持，家长知道什么对孩子最好，所以有否决任何事情的特权。

十、四步平息家庭成员的熊熊怒火

每个家庭里都有可能出现一些严重冲突的场面，涉及的成员往往有很大的怒气，以致无法运用前面所介绍的技巧。处理这类情况，需要有一套特别技巧。待怒气消去后，再用亲子“沟通20条”和“家庭会议”做全面、彻底的处理。

这套处理严重冲突或盛怒的技巧包括以下四个步骤：

（一）认识这类情况出现的信号

家庭成员都要认识到信号的重要性，因为不知道严重冲突或盛怒出现的信号，则无法对情况做出有效的处理。信号基本上有三类：

1．身体信号：

呼吸急促；

心跳加速；

出汗；

面部肤色变红；

肌肉拉紧；

声调提高。

2．思想信号：

“他正在激怒我！”

“我恨他！”

“我想打他！”

“我希望他不是同我住在一起！”

“我希望家中没有他这个人！”

3．行为信号：

大声而且急促地说话；

面部表情强烈；

激动的身体姿势或动作；

用一些激烈的、否定的甚至伤害别人的字眼；

打断对方说话；

大力挥动的手势。

（二）短暂分开各自冷静

察觉到信号后，最有效的方法是双方分开，并且冷静 10 分钟至 15 分钟。可以吸一口气，用克制的语气说："我在这个情绪状态中，沟通的效果只会坏不会好，我很想先停下来 10 分钟再继续谈，可以吗？"在冷静时间中，双方不接触、不交谈。在这段时间里各人运用能使自己平静下来的方法，例如：

· 做深而长的呼吸 10 次以上。

· 拉紧然后放松全身的肌肉数次。

· 出外散步 10 分钟。

· 对自己说"我会保持冷静"，然后回想过去自己处事时曾经表现很冷静时的情景，或者回忆一段轻松开心的时光。

· 想一下这件事解决后对大家的好处。

· 也可以采用本书所介绍的清除坏情绪的方法。

冷静时间过后，若双方都能够平静地坐下来谈谈，可以经双方同意运用亲子"沟通 20 条"及"家庭会议"去处理事情。

（三）事前演练更有效

这套技巧，若能预先在家庭会议中讨论和练习，将更加有效。可以在大家开心时，以示范或扮演角色等方式实习一下。

（四）遇有错时要致歉

每个人都有过分或者做错事的时候。每当家长察觉自己曾经做得过分或做错时，先向对方道歉，然后坐下来分析所发生的事，这对孩子来说会是宝贵的学习经验。

家长花足够的时间与孩子在一起，对孩子的心智成长至为重要。

培养孩子努力而且沉着地去把过程做好的能力更重要。

给自己和孩子一个共同的“黄金时间”。

家庭成员一起讨论并制定一份“沟通20条”。

对孩子的指令，一次不要超过15个字。

轻微地惩罚但坚决地使用。

“太空时间”里只谈快乐开心的事。

心平气和才开家庭会议。

第十章

每个孩子都有获得幸福的权利——特殊家庭的亲子技巧

一、分手时请少给孩子一点伤害

有一次，我应某市妇联的邀请对单亲父母做了一个讲座。在讲座结束等车的时候，一位学员走过来问了我一个问题，她说："我女儿很乖，真是太乖了。她非常勤奋，成绩已经很好，但还是不愿意让自己放松下来，多休息一下，玩耍一下。"

这位学员是个单亲妈妈，女儿13岁。了解情况后，我就请她找她的女儿过来，我跟她女儿谈一谈。我们谈了不到10分钟，我就明白了她女儿的想法。原来她内心有一份认定：因为我成绩不好，所以爸妈分开，当我成绩真的够好的时候，爸妈就会重新在一起了。这事让我内心感觉到非常沉重，非常感动。试想，当这个女孩真的做到每一次测验、考试，每一科都考了100分，爸妈还不在一起，她的希望不就破灭了。

通过这个事件，我感觉到，两个成年人完全有照顾自己人生的权利与责任，他们既有权利决定结婚，生活在一起，也有充分的权利决定分开。可是，他们分开的时候，如何帮助他们的孩子在内心把这件事做出一个恰当的定位，让这件事不影响孩子未来的人生，是每一个准备离婚或者已经离婚的父母都必须认真考虑、认真承担的责任。结婚离婚的乐与痛是两个人自己的权利与责任，可孩子是无辜的，父母之间的冲突、父母的分开对孩子一定会造成伤害，可父母若懂得怎么处理，就可将这份伤害减弱，以至弱到不影响孩子人生的未来发展。

从上面的例子我们知道，父母要做的第一件事就是必须清楚地让孩子明白，父母分开不是孩子的事，跟孩子无关。在这个问题上，一点点的玩笑都不可以开，只要有过一次，比如有人说（特别是父母）父母分开就是因为你不够好，这会在孩子内心产生一个非常大的伤害，甚至会成为孩子一生的伤疤。其实孩子很懂事，事情是怎么样的，如实告知，孩子会理解父母的。

除此以外，单亲父母还可以在心态上加以调整，进而纠正孩子不好的想法，改善亲子关系。具体做法如下：

第一，不要再责怪别人。你是以一个成年人的身份走进恋爱、结婚、分手这每一步的，这些决定都是你以一个成年人的权利与责任而做出的，你需要为这些决定负责。这就好比一个人吃面付钱一样，没有人能说这些做法是对是错，所以你也无须责怪自己或者责怪别人。可能是对方做了一些不该做的事，所以你们选择分手。可是在他做那些不该做的事的同时，你很有可能也没有做一些你需要做的。因此，两方面都有一份责任。就算是你看错了人，或者你认为被他骗，或者结婚时你不知道你真正需要的是什么，或者结婚后他的很多缺点才露出来，无论如何你需要对本人的观察、判断、分析以及做决定的这些能力与权利负责。所以，不要再责怪别人。当你坚持你或者其他人错了的时候，你就在维持一个受害者的心态。

一个受害者拥有充分的权利去抱怨别人、抱怨世界，去停留在一个悲苦无力、伤痛的状态里。你是企图用一种毁灭本人未来机会的方式去惩罚对方，而这个惩罚在对方身上一点效果都没有。

让过去的过去，不管对错，从中学到一些东西，让你下一次可以更懂得照顾自己，把事情处理得更好。这样，那段婚姻将会是你未来美好人生的一块踏脚石。

第二，孩子对父母的爱总是完全而且绝对的。父母活在悲痛里，孩子不能容许自己过得更好。孩子比单亲更痛苦的，是他有一半的心灵跟已经和你分手的伴侣连接在一起。所以，当你只有一方的悲痛的时候，你的孩子却有双方的悲痛，还有那份矛盾与冲突。所以很多时候，离婚中孩子是最受伤的。反之，假如没有抱怨，没有在孩子面前指责已分开的伴侣，表现出积极、正面的态度，让自己建立一个新的人生，孩子就会放心了，孩子内心那份矛盾和冲突就能消除，也可以放下了。你现在没有了悲痛，便能把过去放在过去的位置，面朝未来，轻松前进。这既是为了你自己未来的人生，也是为了孩子的未来。

也许在以前的伴侣身上，你有一份不自觉地对父母需求的投射，假如有的话，你会觉得虽然分手，但心里还没办法把对方放下。这个时候可以用以下的方式消减这份投射的干扰。

找一个宁静、没有干扰、可以独处的地方（约 20 分钟）：闭上眼睛，先做几个呼吸让自己放松下来，最好坐在座位上（也可以站着或者躺着），闭上眼睛想象前伴侣坐在对面。同时，你能感觉到你的父亲紧贴在你的后右肩，而母亲则紧贴在你的后左肩，然后对前伴侣说出以下的话："我们曾经有一段时间在一起，现在已经结束了。在那段时间里，你给了我很多，也帮助了我成长，我会把对我有用的东西留在我心里，因此我也把你留在心里，谢谢你。对我没有用的东西（例如暴力、伤害等）我现在把它们交还给你。在那段时间里，我能为你做的也已经都做了。也许，我曾经有一些对你的要求与期望，其实是你不能满足的，只有我的父母才能满足，但我却把它们投射在你身上，这是我的不对，对不起，现在我把它们收回来。"

这时，你可以想象一下从伴侣的身上飞出来一些东西（这些东西不需要理性的分析或者清楚说出来，只用感觉就可以。甚至可以想象好像卡通或者动画里面有一些颜色或者光，或者热流，从前伴侣身上飞出来），飞到你背后的父母那里。凭感觉，当你认定该飞出来的已经飞完，就可以对前伴侣继续说："现在我把你完全释放回到你的人生里，我也完全地让自己回到我的人生里。我祝福你，希望你也祝福我。"

做这个练习的时候，要减少理性的批判、猜疑，尽量让自己跟自己的感觉在一起。完成上述的过程后，很多人会发现内心轻松了很多，每个星期做两三次，过一段时间，你内心对前伴侣的那份难受就会明显减轻。

第三，与孩子的关系。每个人都一样，你有权利哭，你有权利失败，你有权利受伤，所以对孩子坦白地表示，婚姻结束你难过，你会哭，你感觉到挫折。当你这样坦然地面对与接受挫败，同时没有指责任何人或者事（或者老天）时，你就做出一个榜样。

你让孩子明白，一个人可以勇于承担本人人生里的挫败与痛苦。这是内心力量的表现，孩子因此会对你更尊敬。

有人问："孩子小，会不会不明白这些？"

其实孩子远远比家长以为的明白得多，懂事得多。往往是家长不能面对，孩子只是不说而已。当孩子看到家长能够坦然面对与接受时，孩子总是会比父母更能面对与接受。因为孩子的内心对父母有一份绝对的爱。所以，只要孩子已经能够听得懂你说的话，你都可以用这个方式与孩子沟通。

告诉孩子婚姻是人生一个重要的阶段，绝大部分人都经过这个阶段，就像任何事一样，婚姻也可以成功也可以失败；就像走路时摔跤一样，虽然痛，但还是可以站起来，继续走下去。在孩子面前企图塑造一个完美的世界，只有成没有败，只有乐没有苦，对孩子来说是一个很大的伤害，这会让他在成长之后，没有办法去面对不完美的世界，去面对自己本身的伤痛。

第四，告诉孩子，不管什么事情，爸爸永远都是你的爸爸，会永远爱你；妈妈也永远都是你的妈妈，会永远爱你。爸妈之间的任何事都与孩子无关，爸妈分开也绝对不是孩子的责任。

第五，不管什么原因，绝对不要限制孩子与前伴侣（孩子的父亲或者母亲）联系，这个是他俩之间的绝对权利。一些家长企图限制孩子去见前伴侣，以对前伴侣进行报复，结果孩子受的伤总是比前伴侣受的伤大两倍以上，而且还会伤害家长本人与孩子的关系。

不管你准备不准备发展新的情感关系，清楚告诉孩子这是你的权利。同时，你还要告诉孩子，就算你有新的婚姻，你未来的伴侣不能，也不会代替你的前伴侣（孩子的爸爸或者妈妈）在孩子心中的位置。这些做法往往就能减少孩子反对单亲家长再婚的情况。

二、你的主动沟通会让隔阂消融

这里我主要谈谈在再婚家庭里，如何让孩子接受自己的新伴侣。

其实，再婚是家长的事：家长找到了一个新的人生伴侣，家长新的人生伴侣不是孩子的爸爸或者妈妈，因为每个人只有一个生父、一个生母，有一些孩子会接受一个标签式的爸爸/妈妈，对单亲新伴侣的称呼，他们心里更多的可能是反感，甚至会有明确的抗拒。针对这种情况最有效的方法是，明白告诉孩子，他/她是我的新伴侣，他/她永远不能代替你的爸爸/妈妈。当父母分开之后，有一个平和与文明的关系，孩子很容易就能被引导去接受爸妈的再婚。

假如你是单亲家长的新伴侣，你跟你的伴侣的孩子建立一个融洽和谐的关系是需要一些技巧的。孩子的心里对他的父母永远有“不讲理的小孩”那一面，而你是一个成熟的成人，你需要面对并谅解孩子“不讲理的小孩”的那一面。不管孩子已经几岁，以下的几点对你会很有帮助。

第一，主动找机会对孩子说以下的话：“我不是你爸爸/妈妈，所以我不能给你只有你爸爸/妈妈才能够给你的东西。可是我很爱你（喜欢你），我愿意为你做很多事。我在你眼里看到你爸爸/妈妈的力量与爱，我很尊敬他/她。我很爱你妈妈/爸爸，我答应她/他我会尽可能照顾她/他，同时照顾你，我会努力做很多事，让我们三个人有快乐和谐的生活。”

第二，绝对不过问孩子与你的伴侣的前夫/妻之间的事。这是他们两个专有的权利，你更不能够在孩子面前说出任何批评他/她的话。孩子的内心永远有一块捍卫着爸爸，另外一块捍卫着妈妈，这两块是绝对不能忍受任何攻击的。

第三，当你的伴侣是一位单亲母亲，在刚结婚的时候，对她的孩子需要有一个明确的保证，就是任何时候，你会把妈妈让给她/他。就是说在你们三人的关系里面，母女/子的关系优于夫妻的关系。你这样的清楚表达，并在行为上表现出言行合一，你就能够得到孩子的尊敬与接受。

三、“我爱你”对孩子其实很重要

一个人在母亲的肚子里九个多月，然后经由生产的过程来到世界，前后两个状态是有很大的不同的，而两个状态的过渡有三个心理状态转变的阶段：

（1）第一个阶段：我还是在妈妈的肚子里，我俩是一体的；

（2）第二个阶段：我生出来了，但是跟妈妈有根脐带连系着，所以我想什么，要什么，有什么状况，妈妈是知道的；

（3）第三个阶段：脐带剪断了，与妈妈分开了，但是妈妈是我的，不容别人分享。

这三个阶段一般需要两年才能完成，如果在这段时间里多了一个弟弟或妹妹，他会排斥这个弟弟或妹妹。在这种情况下，父母越跟他讲道理说哥哥姐姐应该让着弟弟妹妹，应该爱弟弟妹妹，他越容易把父母的话解读为：“所以我应该把妈妈让给弟弟妹妹”，这样他就会更仇视他们了。这会引起很多问题，而且会以多种不同的方式呈现出来，比如性格、人际关系、情感关系以及工作和生活等方面的问题：

（1）产生严重的不安全感，不愿分享，不合群，对配偶疑心重，“没资格”感明显；

（2）成长后与弟弟妹妹关系疏远、少知心好友、人情淡薄；

（3）害怕失去，对配偶及孩子过分约束，多无理要求；

（4）迁怒父母，与父母关系淡薄；

（5）中间出现能够真心爱弟弟妹妹的例子，但是这样的代价是“把母亲让给弟弟妹妹”，他本人便成为一个“没有父母的人”了。这样的人会表现出严重的“没资格”。

在这类的情况里，母亲要试图让孩子把母亲让予弟弟妹妹，父亲大多是要支持帮助母亲，这样在孩子的心里父母都是在同一阵线的。

那个弟弟妹妹呢？每个孩子都需要跟父母有充分的连接。哥哥姐姐的排斥与压力也会造成弟弟妹妹的不安全感，对父母的过分依赖与敏感。哥哥姐姐可能阳奉阴违：在父母面前若无其事，但父母不在便对弟弟妹妹苛责、打骂，甚至凌辱。在这个环境成长的弟弟妹妹日后也会有很多心理问题及生活上的烦恼，家长需要注意。

我认识一个家庭，有三个孩子：大哥、二妹、三弟。他们三个在不到四年里面相继出生，就是说每两个孩子之间的差距都小于两年。在这个个案里面，他们三个都是中年人，哥哥显得很强势，可同时有很大的不安全感；弟弟虽然年过半百，可说话往往表现出一副小孩的表情；中间的妹妹活得很苦，婚姻很早就失败了，自己每天忙于上班，朋友很少，除了上下班就在家里陪五只猫，情绪很不稳定。可是在公司里，她却是一个非常优秀的员工，很受她的领导欣赏。这个个案是一个非常典型的上述理论的印证。

哥哥出生了，在内心里面还没有完全跟母亲分开，妹妹就出生了，一方面他要做乖孩子，就是他要把妈妈让给妹妹，这样他就没有了妈妈；另一方面，他心里很想坚持妈妈是我的，这样他就不是一个乖孩子，就得不到妈妈的爱。所以在生活上，他又拼命地让自己成长得更快，用能力来证明妈妈是我的。中国的传统，最大的孩子，特别是男孩，应该照顾老人家。所以很多年前，他就告诉弟弟妹妹："妈妈你们不用担心，我会照顾。"其实他是用实际行动来证明妈妈是我的，不跟你们分享。

妹妹最辛苦，还没有得到手的母亲就要让给弟弟，所以她是一个"没人要"的孩子。所以在人生里面，她表示出来的就是：我没有资格去爱与被爱，我也不能够爱自己。弟弟，就是一直在等妈妈，用一个维持我还是很小的小孩的方式在等待与母亲的连接。

其实，要妥善地处理这个问题，可以从两个方面来下手。

先安排母亲对每个孩子说："我是你的妈妈，也是他的妈妈。我给你一个妈妈全部的爱，同时也给他一个妈妈全部的爱。一个妈妈可以给每个孩子她全部的爱，不管有多少个孩子。"然后，妈妈用一只手拥着一个孩子，另一只手拥着另一个，让两个孩子在妈妈的怀抱里感受到妈妈的爱。

然后，安排两个孩子之间的对话（妈妈仍然用手揽着两个孩子的肩膀），引导较平静的一个对感到不足的另一个说："我跟你有同一个妈妈，我也是她的孩子，所以妈妈属于你，也属于我。我是你的哥哥（姐姐 / 弟弟 / 妹妹），请你接受我。"现在，感到不足的孩子会愿意接受另一个，可以说："我现在拥有妈妈全部的爱，所以我能够看见你了。我愿意接受你为哥哥（姐姐/弟弟/妹妹），跟你分享妈妈。"

若有需要，也可以用同样方式处理与父亲的连接。

四、领养意图将决定你和孩子的关系

通常想领养孩子的人是为了自己的利益，而不是真正去考虑孩子的利益。典型的就是因为他们没有小孩或者没有他们想要的小孩而领养。这是要求下一代去满足上一代的需要，是违背了系统里施与受的基本流动方向以及父母与孩子的次序的，养父母和孩子都有可能有不好的结果。当一对夫妇基于自己的需要，而不是出自于关心这个孩子的幸福来领养孩子，从系统的角度看，就相当于从亲生父母那里偷走孩子，养父母可能会因此付出重大的代价，例如伴侣关系的破裂、离婚、生病、流产，甚至死亡，或者这对伴侣的亲生孩子之一会生病或自杀。

如果孩子不能够由亲生父母养大，最好的选择是祖父母（外祖父母），其次是姑姑（阿姨）、叔伯或舅舅。只有在家里没有人可以养孩子时，才应考虑让外面的人领养。

养父母的领养意图将决定领养是否会给这些被领养的孩子带来问题。如果养父母是诚意地为了孩子的利益着想，领养会有好的结果。无论他们做了些什么，养父母在系统里必然是在亲生父母之后的（时间上）。如果养父母能够尊重这个先后次序，孩子就能接受和尊敬养父母了。因此，养父母对于孩子的亲生父母须保持一份很深的尊敬，并且要很清楚地让孩子看到这份尊敬。他们的态度应该是：我们收养了这个孩子，我们是代表亲生父母来照顾他。他们不应该把养子或养女看作“我的儿子”或“我的女儿”。

五、与家族系统连接，改善过继家庭的亲子关系

我们中国传统有“过继”这个习俗。因为我们的伦理文化认为男丁才可以继承家族的地位，当一个家庭没有男孩的时候，他们就有“无后为大”这个问题。通常就会在兄弟那里要一个孩子回来，当作自己的孩子。在婚姻上也有一个叫作“入赘”的习俗。传统是女方嫁入男方家族，成为男方家族系统的一员，假如女方家族缺乏男丁，就可能会安排男方成为女方家族的一员，他们生出来的孩子也会改为母亲的姓。

从系统动力的角度看，这些情况都是人工地破坏了原爱的意义，就是把一个孩子从他的系统里抢出来，纳入另外一个系统。对于过继的孩子来说，他内心可能有一份很强烈的反感，在内心深处一直不能接受，因此会产生一些心理问题。普遍遇到的问题包括：（1）在人生的重要事情里好像没有自己的位置；（2）有莫名的愤怒或者急躁；（3）有不自觉的受害者心态，包括委屈、抱怨或者莫名的愤怒。

对于入赘的男士来说，也许基于一些重要的理由，他认定必须这样做。他也在两方的家族系统里做该有的安排，得到两方系统的允许，他往往表现出内心平静的状态（也有例外），但我们发现在他们的孩子以及孙子辈里面会有一些上述的心理问题出现。

从心理辅导的角度看，消除这些心理问题需要将当事人重新与他原来的家族系统连接。

今天的社会文明进步，早就认为女孩与男孩同样优秀，得到父母的力量与爱也与男孩相等，很多女孩的成就甚至超越大部分的男士，是不应该再有重男轻女这种心态的。所以我们建议，避免过继或入赘这一类的风俗仪式。

孩子对父母的爱总是完全而且绝对的。

孩子的内心永远有一块捍卫着爸爸，另外一块捍卫着妈妈。

PART 4

改变孩子，先要改变自己

在协调亲子关系的过程中，家长还需要不断地调整心态，缓解压力。通过这样的自我修炼，家长不仅可以为孩子树立好的榜样，施加好的影响，更能促进亲子关系的和谐融洽。

第十一章

调节好心态，你才能做得更好

在家长抚育孩子的过程中，往往可能会产生一些不好的心态，这些心态反映到教子方式上，不仅不利于良好亲子关系的建立，更可能给孩子的成长带来负面影响。下面就来说一说家长中最常见的三种不好的心态及其调节方法。

一、是时候抛弃重男轻女的观念了

在重男轻女的家庭里，由于家庭对男性的重视，导致女性成员不能充分获得父母的爱，这进一步引起她们人生里很多问题的产生，包括情感关系、亲子关系，以及事业成就。

要消除重男轻女传统的影响，建议采用以下技巧。

首先要了解重男轻女在家族历史上扮演的角色。由于先辈迁徙到新的地区，受到土著的压迫，或者时代不太平，战乱造成生活危机，抑或是山多地少，谋生困难，为了让系统有足够的生存与延续的机会，一个家族系统需要更多的男性成员担任捍卫、保护与生产的角色，故此形成了重男轻女的传统。由此可见，重男轻女有它的历史存在价值，这份传统曾经为这个家族系统做出巨大的贡献。因此这份传统不能轻易丢掉，而必须先得到肯定、尊重才能把它放下。

第二步就是要和“重男轻女”的传统对话。可以这样说：“你对我的家族系统曾经有过巨大的贡献，我也是这个系统的一个优秀成员，我对你曾经为这个系统做出的贡献表示感谢，对你表示尊敬（深鞠躬，站起来继续说）。可是现在时代已经不同了，现在女儿可以做出跟儿子同样甚至更大的贡献。我是这个系统一个很优秀的成员，我得自父母的力量和爱非常充足，能够做出跟一个儿子同样好，甚至更好的成就，所以我不需要你了，你可以离开了。”

在实践时，女儿可以对爸爸及妈妈说：“爸爸，妈妈，我接受了你们传给我的生命，里面已经包含了足够的力量和爱，让我可以做出跟一个儿子同样好，甚至更好的成就，请你允许我不继续继承重男轻女这个传统，这个传统曾经对我们家族系统有过非常大的价值，我已经对它表示尊敬与感谢。请你允许我把它交还给你们，如此我将能够建立轻松满足、成功快乐的人生。我的孩子不管是儿子还是女儿都有同等的机会去创造、拥有同样好甚至更好的人生，请你们允许我用这个方式来继续对我们家族系统忠诚与爱护。”

然后对“重男轻女”鞠躬，表示对它的尊重与感谢。

二、望子成龙只会给孩子带来压力

“望子成龙”也是家长普遍存在的一种心态。家长对孩子有 200 分的爱，200 分的良好动机，很多家长认为什么对孩子来说是最好的，这个“最好”可以翻译成一些更具体的家长脑里、口中的语言：

> ·找一个稳定的公司和职业（如国企、公务员），有稳定的收入，可以分房，这样孩子一生就过得无忧了。
>
> ·让孩子能够考进世界500强的公司，做管理层。
>
> ·做医生，做律师，做工程师。
>
> ·做专家，做科学家，做超人。
>
> ·绝对不能做艺术家（如画家、音乐家、雕塑家），因为这些是没出息的，会饿死的。

父母总是不知不觉地希望孩子做三个人：第一，跟自己同样成功的人——最常出现在那些成功的企业家身上；第二，做自己想做而未能做到那个人——我小时候没有这个机会，现在孩子有了；第三，做自己很羡慕、很敬重，或者很嫉妒的人——如偶像，如非常卓越的某类人，如××（指定名字的人，如乔布斯、李开复、马云等）。

既然世界上没有两个人是一样的，孩子就不可能会成为跟父母一样的人，也不会有孩子能成为父母心中希望的某一个人。父母是绝对不可能给孩子成长过程，包括内心的心智成长过程中需要的全部完整的条件，这是不可能做到的事。因此，所有父母的心愿也好，希望也好，坚定目标也好，都是浮云。问题是当父母希望孩子成为郎朗或者马云的时候，他已经扼杀了孩子能够成为比郎朗或者马云成功十倍的可能性。

（现在还没出现，可是为什么不是你的孩子呢？）

你往往会发现很多成功人物的父母很平凡，反之，一百个成就卓越的人中，他们当中的大部分有同样卓越的孩子，或者只有小部分有。每一个孩子都可以成为人类历史里最卓越的、有大成就的一个人。这个是我们无法保证，也不是任何家长能够作为一个有效目标的对象。可是，父母只要加注在孩子身上任何“什么对你最好”这个信念，父母肯定就会约束孩子最大的成长，压制他最大限度地发挥自己内在潜力的可能性。而这些意愿最后成功的概率往往也接近于零。父母这些以“为你好”为名的压力不单会约束孩子的成长，更会给孩子造成伤害。

我小时候住在香港，经常有机会去中环半山区的朋友家里玩。这位朋友的父亲有一家“鬼屋”，那是一条斜路旁边的一座住宅，有一个花园与一个三层楼的别墅式的房子，院子里面有一些长得很高大的古树。那个时候，经过这里时总会感觉奇怪，因为这个是常年没人住的荒凉的别墅。从大门的铁栅栏看进去，里面长满了枯草，房子也年久失修，自然就有一些寒气产生，特别是在晚上经过的时候。关于这个房子的事，我奇怪了很久，因为这个地方是香港房价最贵的地区之一，终于我听到他的故事。

他是一个很有名望的家族的一个成员，居住在这里，当时还有他的妻子、一个儿子和好几个用人，爸爸是很有地位的律师，妈妈是很有地位的会计师，听说他们的孩子很乖，很用心，很听爸妈话（他们当时口中说的好孩子、乖孩子）。当时，这对父母给了孩子最好的教育，安排他去读香港最优秀的学校。后来，孩子到了美国念医学，因为爸妈有很强烈的愿望让孩子能当上医生。每年放暑假孩子都会回家，大学三年级的暑假，孩子回来，有一天他从他三楼的房间跳到院子里，死了。

他给父母留下一封信，大意是："爸妈，我很对不起你们，要辜负你们对我的爱以及这么辛苦的栽培了，我真的尽力了，我非常累，为了成为你们希望的医生，我已经累到不想活下去了……"

脑神经学家已经充分证明每个孩子成长的过程都有很多特别的"学习窗口"，就是当某个"学习窗口"打开的时候，跟"窗口"有关的神经网络特别活跃，同时特别容易快速增长。假如就在某个"窗口"打开的时候，孩子有机会接触到关于这个网络的事物，例如弹钢琴、数学、化学等，孩子就特别感兴趣，特别快上手。所以，理解学习的速度很突出。这往往就会促成一个某方面的天才或者卓越专家的诞生。

科学现在没办法知道一个孩子什么时候适合什么东西的"窗口"打开，他们只知道，这些"窗口"不会长期打开，同时所有这些"窗口"在孩子12岁左右都会关闭，就是说12岁之后再没有这类的"学习窗口"打开了。这个不代表孩子就变得笨或者没办法学好某一方面的技能，只是说，超于常人的学习能力已经不可能发展了。

那么今天的家长可以怎么去捕捉"学习窗口"呢？家长可以：

- 维持孩子有最大的好奇心；
- 鼓励孩子尝试不同的事物；
- 只要孩子有兴趣，父母要多给他鼓励，多给他肯定。

传统教育下，父母的期望给孩子很多压力，也给了孩子很多限制，使孩子听话，不愿表达，不懂得去发展自己独特的能力，按照父母的期望成长着。这其中不知道有多少个爱因斯坦、乔布斯、爱迪生、牛顿等被埋没了。

三、别把希望都“押”在孩子身上

中国传统的社会模式是以男性为主的，女性的地位比较低。在封建社会，男人可以同时有几个女人，现在法律不容许这样，但是社会上丈夫不忠的案例比妻子不忠的多出很多。中国社会里男性也常有以事业为重，不善表达内心感受，重朋友、轻家庭等行为模式。在这些情况下，加上前面说过的情况，很多婚姻容易出现一种状况：当妻子有了孩子，夫妻间便感情疏远了，妻子把心意寄托在孩子身上，如果这个孩子是儿子，妈妈容易不自觉地把孩子当作是人生里的男人了。

这样的妈妈会很用心地照顾孩子，容易溺爱孩子。当然她也知道孩子始终要结婚成家，她甚至会积极地帮助孩子找对象、办婚事。不过，婚后若三人还生活在一起，那这个妈妈便会不自觉地对媳妇产生敌意：“你抢走了我人生里的男人。”妈妈会对媳妇的很多事感到不能接受，有诸多批评，加上妈妈在系统中的长辈地位，媳妇会感到很辛苦，儿子也会感到左右为难，往往会采取一个置身事外的态度。这种情况里的儿子容易出现对爱情不专一的情况，当媳妇生了孩子，媳妇很快地也把所有希望寄托在孩子身上，孩子又成为母亲人生里的男人。这个模式便一代一代地传下去了，这就是“Z”型效应。

在传统上，中国人很在乎照顾父母及家族里的其他长辈老人，这是我们优良传统的一部分，但是我们需要用一个正确的态度去把这事情做好，才能避免系统动力造成的负面影响。

首先，照顾父母与做父母的“父母”是不同的。在经济上支持父母的生活，在生活上“适当”地照顾父母是理所当然的，也不会造成系统问题。“适当地照顾”指的是以不牺牲孩子的权利和责任的范围为准：孩子不能因为照顾父母而忽略了自己的孩子和家庭，也不能因为照顾父母而牺牲了自己发展情感关系的权利。这些行为使得孩子不能充分地成长和把生命传承赋予的责任做好，因而父母与孩子三人都不能好好地生活。在生活上照顾父母时，孩子也需要在内心提醒自己：“我只是以一个孩子的身份照顾他们，我不是他们的父母，也没有资格做他们的父母。”

为了避免关系变得紧张，尽量避免与父母同住一屋，可以安排两个距离很近的住所（例如楼上楼下），方便照应。若必须与父母同住，夫妻应该保持两人的私人地理空间（如睡房）和生活空间（例如每周两人去打球，及每年两人旅游两次）。

儿子的身份最难做：一方面是儿子，一方面是丈夫。这就是为什么要避免与父母同住的理由。每当婆媳之间出现冲突，他总会在其中一个系统里产生罪过感，而为了这份罪过感，他必须重复地付出代价，所以他只得选择逃避。但是儿子也是最能做出效果的角色，他需要明白：他必须从父母的系统里成长并出来，才能建立自己的家庭，而在新旧两个系统之间，新的系统比旧的更有优先权。

儿子需要用委婉的态度提醒母亲他需要有完整和独立的情感关系，但是在中国的传统文化里，这不容易做到。若母亲无法明白或者做到尊重界限，两个年轻人搬走往往是唯一的出路，也许采取的方式能够将动机隐藏一些，例如两夫妻去外地工作。

媳妇遭遇到来自婆婆的压力时，她最好的方式是不展开与婆婆的争论，而是把事情交给丈夫，例如对婆婆表示听到她说的话了，会好好思考一下，然后待丈夫回来的时候，与丈夫商议。婆婆是丈夫的妈妈，不是媳妇的妈妈，所以媳妇不能够以对待妈妈的心理状态对待婆婆，这是真实的情况。当婆婆把媳妇逼到必须面对时，媳妇可以说："我很爱你的儿子，有什么事情，你跟你儿子说便成了。"

若有可能，安排儿子对母亲说："妈妈，爸爸是你人生里的男人，我是你的儿子，不是你人生里的男人，只有爸爸才有资格担当这个角色。请你容许我只做你的儿子，请你容许我有自己的、完整的情感关系。"这其中儿子或许还需要处理妈妈与爸爸的连接。当然，有些时候，儿子也需要对太太说："我是你人生里的男人，我有责任照顾你、保护你。我妈妈是我的妈妈，不是你的妈妈，我不能要求你接受她为你的妈妈。请你以她的媳妇的身份去接受她和尊敬她。"儿子的如此做法，对协调家庭关系将起到很大的作用。

四、失去的孩子也是家中的一员

由于中国近年的国家政策只准有一个孩子、怀了孩子而情感关系或经济能力不能支持、很多人有重男轻女传统观念及很多人（尤其是青年男女）因为纵情而疏忽避孕等原因，造成了大量人工流产的出现，很多女士还有过不止一次人工流产的经历。

从系统的角度看，人工流产等同谋杀。父母接受了系统的委派把生命传给一个未来的系统成员，这个生命的个体（人、系统成员）已经存在。在系统里，每个生命都有他的位置和同等的权利，必须受到其他生命的尊重，尤其是在同一个系统里的成员。父母只是生命的传递员，没有操控系统中另一个生命的资格。任何一个扼杀另一个生命的成员，都需要付出代价。

首先，这行为削弱了这个母亲把生命传下去的资格，这包含父母之间的关系、父母以后的情感关系、父母本人再做父母的能力、父母跟其他孩子的关系等。证据越来越明显地表明：人工流产对其后出生的孩子本人，以及孩子跟父母的关系，都有不好的影响。就好像没有机会出生的孩子在母亲的肚子里留下了信息：你得小心，他们可以随时取走你的生命。事实上，人工流产对母亲的子宫来说，是一次严重的创伤。

另一个人工流产造成的严重问题是，后来的孩子会认同他没有机会出生的哥哥或姐姐（牵连）。我们发现绝大多数的认同情况出现在后来的孩子身上，特别是最小的孩子。生活上出现的信号可能是：强烈的“没资格”感、厌世的念头、对生活提不起劲儿、逆向动力明显（行为与意愿相反）等。

父母很少会或者愿意提起人工流产掉的孩子，所以，孩子成为被人遗忘的系统成员，认同的孩子是为父母承担了本该父母做的事：肯定没有机会出生的孩子隶属系统的权利。解决的方向是父母重新与人工流产的孩子连接，再让这个孩子与所有的兄弟姐妹连接。所有家人把这个孩子放在他们的心里。

基于人们对种族传承的敬仰，人类要靠群体的力量才能更好地存活。所以那份必要的凝聚衍生出共同生存、共同承担、共同受难，甚至是追随与替代，它在集体潜意识里已根深蒂固。也因此，生存者的良知会让他有种“我活着是一份不公平甚至是背叛”的内疚感，如经历灾难、战争等存活下来的人们的潦倒与颓废，还有牺牲自己去救助一位陌生人生命的现象。

同理，在家族系统中有人流的、夭折的、未成家早亡的兄弟姊妹的生存者，常常会由于上述原因而出现较年轻时的身体病痛、拼命工作、做高危运动，甚至是酗酒、染上毒瘾、自杀倾向及行为等，以此满足内在走向死亡的驱动力。

为了缓解或消除人流的、夭折的、未成家早亡的兄弟姊妹对“幸存者”的影响，“幸存者”不妨和他们进行一番对话，对话内容可以参考下文：

你是我的兄（姐），我以为是你把位置让给了我，我原本是没有资格留在世界上的，因此我活得很辛苦，在过去我是用这样的方式来表达对你的爱的。现在我决定把你的礼物发挥两倍的价值，我把你放在心里一个特别的位置，带着你的爱活出两倍的好，以此来感谢你。在我心里，你将能跟我分享我每天的成功和快乐，直到我离开的一天。

当父母希望孩子成为郎朗或者马云的时候，他已经扼杀了孩子能够成为比郎朗或者马云成功十倍的可能性。

照顾父母与做父母的父母是不同的。

只要孩子有兴趣，父母要多给他鼓励，多给他肯定。

第十二章

放下压力，轻松的家长更可爱

现代人充满了压力，并不单是因为家庭问题，事业或工作上的压力也不小，因为赚钱越来越困难，特别是最近这几年，连过去成功的企业都有很多烦恼。可是每个人的人生里，我们不自觉地制造了一份非常大的压力，这份压力是来自：更多的选择。

试以手机为例：今天你要换一部手机，你的问题绝对不是要手机或者不要手机这么简单，而是要哪一款手机。回答这个问题你会想到品牌、款式、性能、配制、服务、网络，或者还有特别要求。你必须做一个好的选择，因此你才能得到别人的肯定，不会发现你买得不划算了，而且你还希望在人群中炫耀，可以让很多人羡慕你。为了做出一个这样的选择，你就需要进行大量的学习。了解有多少个品牌，有多少种款式，每一种款式有哪些不同，然后就是你最后选择的几款手机里面的优劣比较，或者甚至要花更多时间去网上找有关的专业资料来补足你技术方面的无知。

每个人每天只有 24 个小时，手机只是一个例子。真的是有太多太多的选择，让我们花费很多精神和时间，结果我们发现时间总是不够，有太多东西等着我们去比较，等着我们去思考、发问、讨论。所以，选择太多导致时间不足，而时间不足又引发很多压力，这是社会上大多数人面对的情况。

解决之道在哪里？解决之道就是用减法，只选择必需的。当你想用手机时，问一问自己，假如两年之内你都没有可能买到新手机，你这个手机够用吗？你会很惊讶地发现不会有什么大问题，这样你就平静了。可是你要想“我要换手机”或者“听说什么手机更好”，你的烦恼就开始了。在很多事情上，其实你只要问自己两个问题，就能减少自己的压力：第一，假如从来没遇到过，我的人生会出现大问题吗？（如假如不换手机，人生会出现更大问题吗？）第二，我和这些事物之间谁是主人？（如我跟手机之间谁是主人？）

十多年前，香港曾经发生了一件挺轰动的事情，一个事业有成、年轻有为，也为社会做很多事的议员，在网球场上突发心脏病死亡，那个时候是晚上10点半！他的工作是这么多，他的时间这么不够用，同时又想做很多“有意义的事”，及做很多“必须做的事”，包括运动。所以他安排晚上10点钟打网球。事实上，一个人压力最大、过分疲劳的时候，运动并不会有益于身体，休息才会。休息不足而运动，对身体是一种伤害，这一点很多人都没有意识到。

压力其实是“事情需要我的能力比我有的能力更大”。在长期严重压力状态下，一个人的情绪会不稳定、睡眠不好、消化系统问题多、容易患病、记忆力和学习能力衰退、观察和策划能力大大减弱。

在教育孩子的过程中，如果家长承受过大的压力，当然也不能够很好地教育子女，同时也不能营造良好的亲子关系。而家长的压力可能来自工作、病患、经济收入、家族系统、婚姻、亲子关系，也可能来自个人的心理困扰。这里介绍与亲子关系有关的因素和一些有效的消除压力的技巧。

一、测一测你家的“共同信念”和“共同价值”

“共同信念”是两人之间一致认同的信念，即对“什么事情应该是怎样的”有相同的看法。“共同价值”是两人各自追求的价值，但都是对方所认同和追求的，例如去吃一顿日本菜，丈夫追求的是美食或饱肚，太太追求的是两个人在一起的温馨。又例如一同去泰国旅行，丈夫追求的是舒缓压力、休息轻松，太太追求的是购物和吃喝。虽然价值不同，但是对方可以接受和支持，两人因而可以一同享受那次经验。

（一）婚姻关系

没有两个人的信念、价值观和规条（简称BVR）是一样的，所以当两个人结婚时，他俩也是把自己的BVR与对方的重叠，就像图a一般：

如果重叠而产生的共同信念、共同价值不足，他们是不会进入婚姻的殿堂的。

也许女人会对求婚的男人说：“我还需考虑一下。”3个月后两人结婚了，因为双方都感到已经有足够的共同信念、共同价值支持两人一起生活。一个人的BVR是不断改变的，两个结了婚的人也是这样。他们各自的BVR改变了，所产生的共同信念、共同价值也跟着

改变。问题是，10年后，他俩的共同信念、共同价值是增加了还是减少了。（见图b）

在中国传统文化中成长的男女，往往有以下的现象：

中国人传统上很注重和谐，往往为了和谐而忍让。“忍让”其实不是解决而只是延迟冲突的来临。结果像是一个坏了的苹果，果皮看来还好，而果肉已经全部变成了黑色，所有有关的人都生活在痛苦之中。溯其原因，是孩童时没有人教我们如何面对和处理冲突。

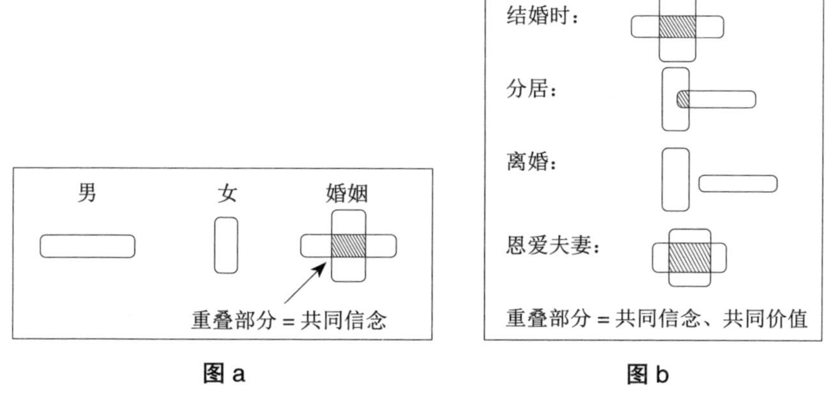

图a　　图b

孩童成长时往往从身边成年人身上接受了很多信念，而凭这些信念塑造出一个“自己应该是怎样”的身份，为了坚持这个虚拟的身份，这些人会不顾内心的感受和事情具有的其他可能性，坚持执行一些信念。一个女孩与一个男士结婚是因为他有上进心，而10年后分手是因为他太有上进心——把时间全放在事业上。这个女孩需要痛苦的经验才学到上进心不是她婚姻中最重要的东西，而形成这种状况的原因是，她小时家长和成年人不断给她灌输：男人最重要的是有上进心。

结婚时的共同信念和共同价值不足，不一定就决定这段婚姻不成功，离婚也有好的结局，决定的因素是两人结婚后能否在各自的BVR变化上有共同的方向，因而发展出足够的共同信念和共同价值。

表12-1是一个简单的测试，看看你的婚姻中的共同信念、共同价值是否足够：

表12–1　婚姻共同信念、共同价值测试表

问题	是	不是
1. 10次的讨论中，超过3次是争执的结局。		
2. 很少有事情上的讨论。		
3. 觉得对方不明白自己。		
4. 有事情对方不会先跟我商量。		
5. 对方很少理会我的感受。		
6. 我们一同做并且是双方都感到开心的事不到6件。		
7. 对方的嗜好之中，我喜欢分享的不到两样。		
8. 我不让对方单独旅行。		
9. 见到对方与异性在一起，我会有怀疑。		
10. 过去的一个星期里，我们没有过一起很开心的时间，而且经常如此。		

每个“是”得1分，每个“不是”得0分。
7分以上：共同信念、共同价值严重不足。
5分～7分：必须注意，要为改善婚姻做点事了。
3分～4分：可以改善得更好。
0分～2分：恭喜你，你的婚姻生活是健康的。

这个测试，不是什么学术性的正式测验，而只是想引导你注意一下，在你的婚姻生活中哪里可以下点功夫去提升。

用以下一些简单的方法增加两人之间的共同信念、共同价值：

第一个方法：

·每人一张纸，一支笔。

·每人各自写出20件两人可以一同做并且可以在1小时至2小时中完成的事项。这些事项应该是费用极低、现实环境容许，而且相信彼此会做得开心的事情。写的过程中两人无须讨论。

两人都完成后，轮流读出所写的其中一项，若两人都同意，便写在另一张纸上。若有任何人不同意，都不能写入。无须说出不同意的理由，对方亦不得追问或批评。待两人都全部读出自己所写的，看看另一张纸上写了多少两人同意的事项。若少于12项，各人需各自再多写10项，重复以上的程序，直至做出一份有超过12项的两人支持的事项清单。

·定出时间表，每周两人同做清单里至少两项的事项，更可每次每项都加添增加乐趣的主意，只要两人都同意。

第二个方法，这方法更适合两人以上的家庭，例如家中有两个小孩，共四人：

·四人开会，定出一个未来的目标。这个目标应该是在三个月至六个月内能实现的。大目标可以分拆为数个小目标。

·目标必须是四人同意支持和各自能够出力的，旨在实现四人都能够有所得，感到成功、快乐和满足，例如策划一次家庭旅行，或者搬新居。

·选定目标的过程中，也应采用第一个方法中的一些规定，比如：

·各人可自由提议，其他人不得批评、指责、嘲笑和忽视；

·各人可以经由表示不支持而使任何提议不获通过；

·各人也可在目标范围和达到目标的途径的设计上写下各自的看法，然后全体讨论。

请参考“沟通20条”。如此，最终获得大家通过的目标和计划的内容，都是全体支持的，代表了众人的共同信念和共同价值。

（二）亲子关系

在中国传统的教导孩子的模式里，亲子之间的共同信念、共同价值是很不足的。家长以“权威”“什么都知道”和“你受我管”的态度对待孩子，要求孩子“听话”，孩子完全被动，难以建立足够的自我价值（自信、自爱、自尊）。

既然家长的责任是帮助孩子良好地成长，使他们有足够的能力用自己的双腿站立在他们的世界里，因此使他们培养出足够的自信、自爱和自尊是极为重要的。家长应该以爱、鼓励和支持去代替恐惧、羞愧感和犯罪感来推动孩子，家长也应该帮助孩子建立出一套良好的信念、价值观和规条（BVR）。就是说，家长需要给孩子一个平起平坐的地位，才能有所谓共同信念、共同价值的出现。

如果家长老是把孩子当作孩子，孩子又如何能够成长，他日变为一个“大人”？就是因为老是把孩子当作孩子，所以十多岁的孩子多数“反叛”，瞒着家长在外面做很多顽皮的事。其实这是孩子让自己成长的方法，如果家长不喜欢这个方法，就要改变对孩子的态度：把他们当作“准大人”，给他们空间和地位。如此，也就可以建立共同信念与共同价值了。上面“婚姻关系”中所介绍的两个方法，也适用于亲子关系中。

每个人的许多能力，会随着年龄的增长而降低。如果没有在年轻时建立一套健康的思维模式，年纪大了，会因一些能力的减少而感到不安。能力是使我们能够控制自己的世界的武器，这些能力的消失，使我们看到一些在过去我们可以控制的事情不再能控制，如果同时又未能注意到自己在思想方面的成长，心中便会产生一种不安全感。

事实上，因为思想成熟了，很多年轻时需要控制的事，在年纪增长之后不再需要控制。思想成熟能增加我们处理世界上事情的不同选择的机会，增加我们的智慧。我们应该明白，这是改变对世界的态度、对自己要求的时候了。

老人的不安全感使身边的人感到窒息，因为老人要求自己无力控制的事情仍受自己控制，而所用的方法是企图运用身边的人的能力，这使身边的人感到被操纵，因而抗拒并引起关系紧张。其实随着年龄增长而增长的智慧，能够使一个人有更多的选择，有更大的内心力量，因而变得更随和，更灵活，适应性更强。

明白了老人的不安全感，年轻的一辈仍然可以建立和加强与老人之间的共同信念、共同价值。年轻人可以用语言肯定老人对事情受到控制的意欲，同时增加一些两方面都认同和需要的信念和价值：成功快乐、和谐健康，无论贫富，生活中都可以有乐趣、互相尊敬和体谅等。

一些老人的BVR没有带给他们成功快乐的人生，但又坚持不肯改变而要年轻的一辈不断迁就他们，甚至以“自残”的方式逼年轻一辈就范。当事情发展到失控，大家都气冲冲时，最好不要谈论或处理它。待事情冷却，大家都心平气和时，让老人了解他对安全感的要求，同时使他明白愉快的共同生活是需要双方共同努力，而不光是一边讨好另一边，并且说出自己的底线，表明什么是自己不能接受的，同时提供多个不同的建议。有些家庭中，这需要不断重复地做，效果才会出现。在另一些情况下，老人完全不肯改变自己的BVR，年轻的一辈只好为自己保留两个世界：当自己状况良好时，用谅解的态度与老人相处；当自己状态也很脆弱时，给自己独处的空间。

每个人都有很多选择，社会上经常有老少不和的争执，甚至老人不能与年轻一辈同住的情况也会出现，今天的欧美地区这一情况已经变得较为平常。数十年累积出来的信念、价值观和规条，真的不是那么容易改变的。宁愿自己独居而不肯给年轻人相等的地位去建立共同信念和共同价值，是一个人有权做出的选择；而一个年轻人肯牺牲多少去保存一个老人失效的BVR，也是每个人自己的选择。传统的思想仍在社会上显出让人无奈和痛苦的威力，只有每个人都在孩童时期便开始建立足够的自我价值和一套有效同时三赢的BVR，这个现象才会消失。

二、打破压力的恶性循环

今天的家长大多十分忙碌，在事业上、经济上、生活上及其他方面所面临的压力实在不小，再加上在家中对孩子有教导的责任，这本身也是很大的压力。如果家中有几个孩子，而且都顽皮好动，家长极容易感到疲劳，会容易发脾气。累积下来，会出现对家庭厌烦、精神衰弱等状况。图 c 指出一个导致人生失败的恶性循环。避免这种恶性循环，除了掌握正确教导孩子的方法，还须明白清除压力的重要性。

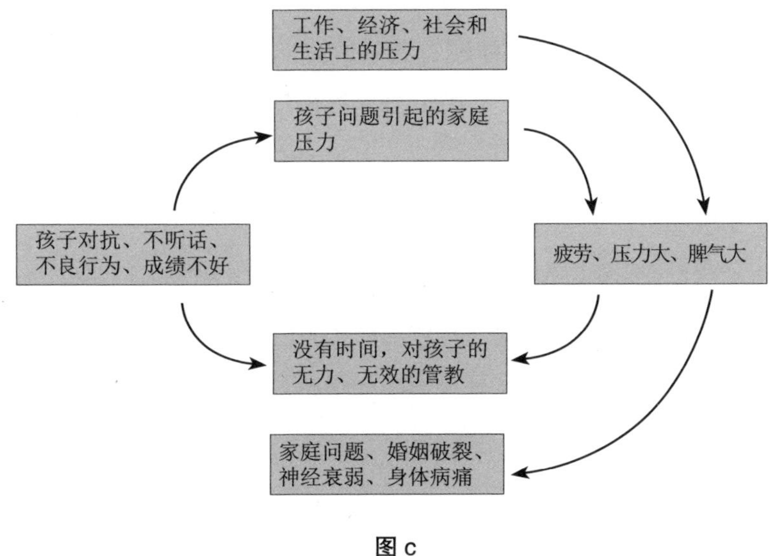

图 c

三、三种方法迅速缓解恶劣情绪

当一天工作及加班结束后，你带着疲倦的身体和工作中出现的不快回到家中，看见孩子做了一些顽皮的事，孩子对你的指令不但不听反而顶嘴，你心中的怒火或许会即时燃起。

这时可以采用以下三种处理方法：

（一）深呼吸法

找一个宁静、无人骚扰的地方，卫生间也可以，用一个舒适的姿势坐下，闭上眼睛，按以下的方式做深呼吸。

1．呼吸必须均匀，即没有高低快慢，而是缓慢绵长地呼出、吸入空气，特别是呼气时，注意保持恒一的速度；

2．呼气的时间应比吸气的长，并且尝试每次呼气都比上一次再长一点时间；

3．呼气时把意识放在双肩上，你会觉得当你在呼气时此处的肌肉会放松，而且每呼一次气会更放松一点。

用这个方法，在数分钟之内便能使自己的情绪平静下来。

（二）生理平衡法

这个方法，来自有关东西方的生理健康学问的最新研究成果。做时坐着或站立皆可。

1．双腿伸直，双脚在脚掌凹处交叠，双手手指也交叉结合，反拗至胸口。做法：①双臂伸直，双手交叠，假如右脚在左脚之上，则右手亦在左手之上。反之亦然。②伸直手指，双手拇指向下，如此，自会掌心对掌心。③双手手指交叉合掌。④双掌握成的拳头向下翻，向胸口拉近直至紧贴胸口，眼睛下望可以看到手指。

2．把呼吸调慢。

3．把全部注意力放在身体内心脏之处，可以将心脏幻想成任何形状，也可以把注意力放在以往出现情绪时体内感觉的位置。

4．维持三分钟以上。

5．做前最好先喝一大杯水。

用这个方法，在短短数分钟里，可以明显地感受到体内情绪的消失，还能让肌肉得到放松。

（三）抽离法

这个方法，最适用于不能脱离现场但又想平复情绪的情况。做法是：

1．每当恶劣情绪上升，希望使其平复时，想象自己在空中往下看现场，看到自己和现场所有人，就像从直升机上看现场，正在拍摄录像，有自己在内。

2．只要在这个景象里看到自己的形象，情绪便会快速地下降。

3．看到的自己的形象，无须容貌清楚，只要有一个人形，而且知道这个人形是自己便可。

4．这个方法最好预先练习，只需数次便能掌握。

5．要想更快有效果，可以想象直升机上升，并且光线变暗，如此，看到的景象在缩小和变暗。

四、三种方法消除紧张状态

如果已经有一段时间处于压力紧张的状态，或出于某些原因尚需承受一段时间的压力，这时你需要舒缓下紧张状态，以便你能继续保持控制大局的感觉，这一点至为重要。以下的方法可以帮助你舒缓你的紧张状态，就像橡皮筋拉得太紧、太久了，不时需要放松一下一样。

1．安排一个人独处的时间。若短时间未能改变家庭中的紧张情况，而生活和工作的压力连绵不断，家长会产生怕回家的感觉。单亲家庭的家长尤其容易有这样的情况。与其等到挨不住而产生抗拒、逃避或厌恶的感觉，不如预先安排一些透气的机会，使自己能够支撑下去，例如定期安排独自散心的活动：去海边或乡村走走，参观博物馆、展览会，去图书馆，参加一些个人感兴趣的活动，包括找朋友吃顿饭、听音乐会、参加舞会等。目标是建立除了工作和家庭之外的第三类生活，让自己可以透透气。

2．凭借学习来提升自己。参加一些能够提升自己能力的学习班。单是增加知识或技能的学习，反而可能会产生额外压力，但是学习一些增强心智能力的课程，例如NLP、健脑术、情绪智能等课程，可以增强一个人处理环境压力的能力，因而更能应付每天出现的心理上、精神上的挑战。

3．改变生活方式。人是惯性动物，习惯了一个环境或某种生活方式后，往往不想改变，就算该环境或生活方式已经令人觉得十分辛苦，也不考虑如何改变。

改变生活方式的可能性有千万种，取决于一个人的幻想力和创造力。有位家长把洗碗碟的时间改为第二天早上，每晚便多了很多宝贵的与家人沟通的时间；另一位家长搬到郊外居住，多了新鲜空气，少了租金费用，多了与家人在一起的时间，少了喧哗吵闹。你每周是怎样过周末的？如果星期天是唯一全家聚在一起的一天，何不每人都把其他事改在平日里做，好好地做出编排，确保每个星期天都是全家人共度的愉快假期？另一方面，若有家长每天花三小时以上往返工作地点，他应该明白压力是来自想做事却时间不够。应该改变工作地点还是改变居住地点？这位家长完全可以自行做出决定。

究竟是环境支配我们还是我们创造环境？这是每个人需要自己决定的问题。若你带着后者的信念，不断地思考、尝试，你总可以创出更好的生活环境。

五、数种减压方法大 PK

1．运动。运动其实是最好的减压方法之一，因为压力使身体产生大量肾上腺素等有害物质，因此导致内分泌方面的改变，而运动可以重建体内各方面的平衡。

2．听音乐或唱歌。音乐其实是最容易使左右脑平衡的方法，唱歌更可以把身体里积压的不良情绪削弱或消除。

3．任何可以使自己大笑的活动。笑可以驱使身体的内分泌与免疫系统做出很多积极的变化，使整个人的生理、心理状态快速地得到改善。

4．按摩。说来奇怪，原来情绪是储存在整个身体内的，一次好的按摩能使体内的生理状况改变，从而使存留在身体内的情绪压力大为降低。

以下的方法非但不能把压力减轻或清除，往往还会增加问题：

1．发泄怒气。吵、骂、打、闹，都不能宣泄压力，而只会令家人与自己更为疏远，沟通更少，关系更僵。

2．暴食、疯狂购物。出现这些行为，是因为一个人面对巨大压力无法处理又不能摆脱而产生的心理反应，往往是受潜意识推动的、不自觉的行为。

3．饮酒、滥用药物。酒醒和药力过去后，问题依然存在，长此以往，处理情绪的能力更为倒退，问题变得更为严重。

4．其他逃避的方法。绝大部分在压力下出现的行为问题，在本质上都是逃避性的，例如长时间看电视、睡眠时间越来越长或忽然失踪数天等，这些都是无效的方法。

妙言妙法

婚姻成功与否取决于两个人婚后在各自的BVR变化方面能否有共同的地方。

列出夫妻二人都乐意做的12项事项的清单，每周至少做其中两项。

给家里的“准大人”空间和地位。

告诉老人，哪些事是自己不能接受的。

参加一些能够提升自己能力的学习班。

有的时候独自出去透透气。

第十三章

给婚姻出现问题的家长的几点建议

几乎所有做辅导工作的朋友都同意，在各类辅导当中，最难做的是婚姻辅导。在这个世界上没有两个人是一样的，因此没有两个人在任何事情上有绝对相同的看法。把两个有权利决定自己人生的成年人放在一起，又要他们在几十年内，在所有事情上都保持一致意见，这简直是做梦。更何况这两个人自己也认为凡事应该保持一致，但采用的方法是要对方迁就自己。

若两个人认为自己的信念、价值观及规条比两人之间的关系更重要，争吵便会出现。一旦出现太多的争吵及意见分歧，当需要对方在情绪上支持而得不到时，婚姻便会亮起红灯，跟着便是分居，甚至离婚。每一个人都有权利和有责任选择自己的人生。婚姻是两个人的事，婚姻中出现的每一件事，两人都有责任，不应做而做了或者应做而没有做，负有同样责任。对于婚姻已经没法挽救的家长，我提议采取以下的态度：接受自己做出决定的人生，并且从每一件事中寻找其正面意义，让自己以后的日子更成功，更开心。

一、各自反省挽救尚未破裂的婚姻

对于婚姻出现问题但尚未破裂的家庭，我有以下提醒：

·借用佛经的意思：与一个人结婚是天大的缘分。未完全清楚是否无法挽救时，应该深入检讨一下，对这段缘分带给自己的正面意义是否已经全部了解。

·不要抱着“因不能沟通而分手”的态度。恰恰相反，双方应该尽可能做到充分和成功地沟通，清楚了解双方的信念、价值观和规条，确定了分、合的原因和理由之后再做决定。

·单身或单亲亦可以有快乐的生活，但是对孩子来说，分居和离婚必然带来伤害，家长应该三思。

·因为自己固守某些信念、价值观和规条而与一个人分手，同样的情况以后也许会再次出现。要知道自己的一套信念、价值观和规条有对也有错的可能。当然这只能由自己决定，但衡量对错的标准只有一个：自己所坚持的那套，是否真的能带给自己一个成功快乐的人生？如果尚未能够，修改哪一部分会有更大的机会？

二、亲子关系不因夫妻分离而改变

在孩子的内心深处，父母是绝对不能替换，也是完美不容伤害的。父、母、子的三角关系，在孩子心里是不容改变、不容侵犯的。

婚姻出现问题的家长，必须明白这点，并据此行事。简单地说，夫妻的关系有所改变，不等于父、母、子的关系有改变。它们是截然不同的两回事。

对已经分居、离婚的家长，以下做法能将孩子受到的伤害降到最低：

·把问题限制在夫妻之间的范围内，当面对孩子时，家长的角色应保持一致与和谐。夫妻之间的事，与维系子女的关系无关。告诉孩子：就算爸妈不和，两人仍会永远爱他和照顾他。

·不要隐瞒事实和欺骗孩子，应该用坦诚的态度与孩子谈论问题，包括个人内心感受和事情的进展，都应该尽量对孩子坦诚，保持孩子对自己的信任。

·向孩子保证家长之间发生的问题不是他的过错，而修复的责任也不在他。勿教孩子向对方隐瞒或者故意造谣，两个大人之间的事，应该只由两个大人解决。

·不管婚姻的状态如何，双方都应关心和参与孩子的生活。分居和离婚对孩子是相当有害的，但是如果孩子与两个家长都能够保持定期和良好的接触，就可以避免一些问题产生，减少对孩子的伤害。

·应该尽量避免对孩子说另一位家长的不是，每次对对方的指责都会在孩子的内心引起很大的矛盾与冲击。如果不得不说，每说一项不是，至少同时说出一项对方的优点。

·再婚的父母，不应强迫孩子称呼自己的新伴侣为“父亲”或“母亲”。

三、家庭暴力应按照类型区别对待

家庭暴力，在中国很普遍。从家庭治疗的角度来谈家庭暴力，那么也应该把“冷暴力”纳入进来，比如：不跟对方说话、对对方总是视而不见等，也算是暴力。这样一来，家庭暴力就多得不得了，差不多可以说超过 90% 的家庭都有过家庭暴力。

至于真正动手的家庭暴力，据不正式的统计数字显示已达到 30%，有些地区比一般地区所占的比例更大，也许有历史性及传统文化的原因。家庭暴力，对于辅导者来说要特别注意，因为暴力可以让人受伤，严重的甚至可以造成死亡。任何生命的来与去都是生命系统里面非常严肃的事。在心理辅导工作里，所有牵扯生命来去的事情，绝对不可以掉以轻心。

下面讲一个真实的个案：在香港政府的社会福利局，有一个学过心理咨询的社工，接待了一个女性来访者。这位来访者的老公已经失业两年，心情一直不好，他们还有两个孩子。她的老公心情不好时就会打她，她被打伤后就去医院，同时报警。每次警察都把这个案件转交到社会福利局，那个社工正好接了这个案件。每次这个来访者来找社工，社工就劝说来访者：“没事，回去吧。”终于有一次，又是同样的情况，当时那个社工太忙，有很多个案都需要处理，压力也很大，所以又像以前一样劝这个来访者回去，并说：“没事，过几天就好了。”这个来访者就回去了。结果，第二天香港报纸刊登了一条新闻，报道了这个来访者的老公把他自己、他老婆和他的两个孩子都锁在房子里面，然后放火，一家人全被烧死了。

那个社工是无须负法律责任的，可是他自己却感觉良心上过不去，从此他根本不能睡觉，六个月之后就自杀了。所以，作为一名辅导员一定要严谨、用心，对待来访者必须认真，必须认清楚什么是重要的事情，不能轻率。

（一）家庭暴力（简称“家暴”）带来的夫妻关系的变化

1. 爱情（爱）←→暴力（毁灭）

爱情的方向是让人得到更多、更好的体验，让人生更多轻松、满足和快乐。而暴力的方向是打骂、操控、压抑，再进一步就是伤害，伤害的终点就是毁灭。所以家暴的方向是毁灭，与爱情的方向刚好相反，所以有家暴出现的时候，爱情已经没有了。

当然，还有一些特殊的情况不能算作家暴，比如：夫妻双方一个是虐待狂，一个是受虐狂，这个就不是家暴。

2. 相互接受与尊重、平等相连←→地位有高低

今天的爱情，男人跟女人结婚，彼此地位平等，两个人在一起相互尊重、彼此接受。当有暴力出现时，彼此的地位就变成一个高、一个低，因此也就不能互相接受了。

3. 接受 = 恰当、默认模式

在出现家暴的时候，假如受暴者觉得“没办法”“中国的传统就是这样”“家和万事兴嘛”“床头打架床尾和嘛”，结果就是“算了，希望明天能好一点”，这就慢慢养成了接受的态度——我接受对方对我施加的暴力。而对方就错误地认为这是两人之间可以相处的方式。这是一个非常严重、错误的信号。

在情感关系里，面对一些小事，很多人会说“算了吧”。“算了

吧”这句话只会把问题延后，把问题从无变有、从小变大、越变越大。所以，“算了吧”只会让问题朝着错误的方向发展，不是有效的沟通方式。

4．“暴力关系”←→“快活幸福关系”

暴力关系和快活幸福关系，一个是南极，一个是北极。夫妻间的情感关系应该是快乐的、幸福的、美满的。若想走向这样的一个关系，就必须放弃暴力。如果不能的话，那么在情感关系里就得不到美满和幸福。所以，假如不能接受暴力的方向，结果往往是必须放弃这段关系。

（二）家暴的应对处理方式

1．勇于面对——悲伤：仍有爱；愤怒：没有爱

家暴普遍出现在我们中国，通常男性是施暴的一方，女性往往是单向思维模式，只想逃避，不去想其他，更不能面对。好比今天面对的一个问题是欠别人 5 元钱，一年后就已经变成欠 50 元钱，10 年后就可能变成欠 5000 元钱。所以，不能面对不是办法，为了让女性能够面对，就要引导她说出来，比如“我很辛苦，我很羞愧，我们的关系里面有暴力，我老公老是打我……”说出来就是面对的第一步。假如说的过程中她带着悲伤，这表明她对对方还有爱，也就是她还不愿意放下；假如说的过程中全是愤怒，没有悲伤，那就表明她对对方已经没有爱了，只不过在受对方控制而已。

2．考虑法律及警察的保护

因为暴力可以造成受伤，甚至死亡，所以辅导员必须考虑这个

事情需不需要报警。若辅导员发现暴力事件已经不是偶然事件，可能会持续发展下去，辅导员就应该鼓励来访者寻求法律或者警察的保护，这是辅导员应尽的责任。不要老是想着“以和为贵”，避免重复前面那个个案中香港社工的命运。

（三）家暴的两种类型及其处理

1．施暴者有懊悔和求恕。

这类型的家暴仍然有爱存在，施暴者需把投射收回，另行处理（若来访者是施暴者）。

施暴者施暴之后有懊悔、求恕的表现，就是施暴者打完妻子之后，请求妻子原谅。这种类型表明施暴者对受暴者仍有爱意，但是施暴者内心有两个身份：一个是还爱着对方的施暴者，他希望跟对方连接；另外一个是有问题的施暴者，他内在有一股愤怒，并将这股愤怒投射到自己的伴侣身上。我们的学问让我们明白这个道理，我们就要把那个“有问题的他”分出来，找出他把对“谁”的愤怒投射到伴侣身上，并让施暴者把这份投射收回来，处理好这个“问题的他”跟那个“谁”的关系。

这种类型的案例若只用NLP等技巧只可以达到40%的效果，如果加上家庭系统排列的技巧就可以达到另外的60%的效果，特别是有一些属于家族系统的那份投射。

案例：两个人本来是夫妻，后来分手了，而且分手的方式比较粗暴。两个人都很激烈，妻子觉得很委屈，内心怀有很大的愤怒，觉得自己没有受到公平的待遇。后来男方再婚了，婚后生了一个孩子。这个孩子有一份莫名其妙的愤怒，特别是对他的父母。后来通过家庭系统排列，发现这个孩子原来承担了该男子前妻的愤怒。

这样的投射现象，往往并不是一般的传统里理解的那样。这个愤怒对谁？对爸爸妈妈？往往不止，甚至是其他的。

现在，假设这个孩子长大结婚，成为丈夫，对妻子施加暴力。可是每次打完妻子，他就跪下来求妻子原谅，求妻子不要走。又过了两天，当事情进行得不顺利时，他又打妻子，打完了又跪下来求妻子。这个丈夫里面就有两个部分：一个部分是爱妻子的，另一个部分是上述愤怒的投射。打妻子时，愤怒不是因为妻子。针对这种系统性的深层需要，家庭系统排列是最适合的解决方法。

2. 施暴者没有懊悔或求恕。

这类型已没有爱，只是受暴者不愿结束关系，受暴者的投射现象需处理。

这种类型的问题是：假如只有受暴者来找辅导员，而施暴者没有来，这个个案是没有办法做到让两人关系良好发展的效果的。辅导员只能引导来访者照顾好她本人的安全及人生，“如果施暴者再打你，你就搬出去，或报警。”或者让来访者尝试创造一些温馨、快乐的环境跟施暴者谈一谈，“我们要找办法面对婚姻关系里你对我使用暴力这件事，不然最后我们会以分手收场。我该怎么做，你该怎么做，有一部分我可以改变，但也需要你的改变。”若丈夫愿意跟妻子一同来做辅导，就可以做一些事；对方没有来之前，对方的系统辅导员不能碰，因为很有可能是即使碰了也没有效果，所以辅导员要尊重这个界限。

假如施暴者来了，这个就容易做了。假设施暴者打完妻子，没有请求她的宽恕，这就说明受暴者跟施暴者之间已经没有爱了。中国有很多男人觉得打老婆理所当然，是丈夫的权利。在某一些地区，特别是文化比较落后的地区，真的存在这种观念。经常是丈夫打完妻子又出去赌博、喝酒，妻子过得很辛苦。这种情况下，受暴者为什么不能离开施暴者呢？难道受暴者就没有想过“他已经不爱我了，只会伤害我，这样走下去，只会被他打死”？结婚本来就是为了建造一个幸福快乐、成功满足的人生关系，既然不能获得这种关系，为什么不能选择离开呢？原来这是因为受暴者有一份投射，一份不能放下的投射。这时，辅导员就需要引导受暴者把这份投射收回来，妻子对丈夫有这份投射，很大的可能就是将跟父母的连接投射到伴侣身上。

四、接受现实，为孩子创造更好的明天

父母亲逝世，对孩子的打击当然很大，会引起很深的哀伤。要尽快引导孩子忘却哀伤。研究发现，孩子把哀伤藏在心里，将对他的成长带来障碍。另一方面，人生总是向前迈进。接受事实，努力地去准备一个更好的明天，这才是孩子最应该做的事，也是逝去的亲人最希望他做的事。以此为基础，对配偶已经逝世的单亲家长，以下的做法会有帮助：

1．孩子对逝世的亲人不能忘怀，是因为亲人对孩子有一份特别的意义，这份意义对孩子未来的人生会有积极正面的帮助。因此，与孩子好好地谈一次，把逝去亲人对孩子人生的意义做一次定位与肯定。以后，每次想到亲人，孩子都会得到正面的推动。

一个重要亲人的意义，往往用事物来比喻比用文字描述更为贴切，例如："父亲就像太阳，给我光明与活力。""母亲就像海豚，象征自由、力量与慈爱。"

2. 情绪的流露没有什么对错。每当忆起逝世的亲人而有悲伤的情绪，是肯定了这位亲人对自己具有独特和重要的意义。有时，环境不适宜有这种情绪出现，可以用本书所介绍的"抽离法"处理。若环境许可而自己也想的话，容许自己回忆与亲人的相处及亲人对自己的意义。因为有情绪出现是个人的权利，没有什么应该不应该，也不会对孩子有害。

3. 孩子不懂得怎样调整失去亲人的心理状况，处理情绪的能力也较弱，家长可以与孩子正面讨论逝世亲人的各种事情。讨论范围可以广泛地包括回忆亲人的言行、一起度过的欢乐时光、亲人给自己的力量、亲人留在自己心中的意义等，以及面对心中情绪的困扰或其他因逝去亲人而引起的问题等。宗旨是：接受过去，面对未来。

4. 若孩子对逝去亲人的情结太大，可以尝试运用隐喻或象征的做法化解，例如把心中的话写成一封信，用火烧掉，再引导孩子想象亲人在另一个世界收到了信，读信时开心的表情和对孩子的回话。另一个办法是引导孩子做些事来纪念逝去的亲人，例如去拜访养老院、帮助别人，甚至做一些提高学业成绩的行为。家长可以告诉孩子，这就是逝去的亲人喜欢见到的孩子为他所做的事。

我有一个学员，她孩子出生不到一个月，丈夫就出车祸死了，所以她一直对孩子说爸爸出差，总是忙。

慢慢地，孩子也很少再问爸爸。直到5岁，有一次，这个学员的儿子回来，含着眼泪问爸爸在哪里，我的学生问他为什么突然这样问到爸爸，孩子说班主任让每个同学站起来说两句关于爸爸的话，班里的每个同学都说自己爸爸的事，轮到他的时候，他什么都没的说，全班同学都笑他。我的学生听到孩子这样说非常难过，知道再也不能避免这个事情，于是给我发来电子邮件问我应该怎么对孩子说。

我回答说："你的孩子早就知道他爸爸不在了，只不过你不说，孩子知道这个问题不能问，于是便能不问就不问了。孩子跟父母亲的连接很深很深，他清楚地知道发生的事情，你不能面对，并不代表孩子也不能面对。我建议你尽快找一个恰当的机会（宁静，没干扰），对孩子说清情况。"

一个星期后，她发电邮跟我说："我终于鼓起勇气在两天前跟孩子说明了事实，我很难过，可是我能够面对，我们母子抱头痛哭了一场。后来孩子说：'妈妈放心好了，我现在是家里的男人，我会好好照顾你。'"我的学员还说："很奇怪，这个孩子真的好像一直心里有准备我没有爸爸，没有爸爸我也可以成长。当孩子说那句话的时候，我感觉他不是一个 5 岁的孩子，而是一个已经成长为 25 岁的孩子。"

我回复她说："当你只有他而他也只有你的时候，你们的心里现在不是有两个人，而是一个人，就可以给对方两倍的爱，教会孩子把爸爸放在心里，因为他心里还是希望爸爸仍在。父母在每个人的心里永远不会离开，离开的只不过是现实世界的一个人而已。可是，你要注意一点，你是孩子的妈妈，不是孩子人生里面的那个女性伴侣。你也必须告诉孩子，孩子是你最重要的人，但是他不是你生命里面最重要的男人，他爸爸才是，虽然爸爸已经不在。所以，孩子永远是孩子，妈妈永远是妈妈。不然，这个会妨碍孩子将来的家庭生活。"

五、“做到”比“应该”更重要

当我的儿子在1999年结婚的时候（他住在英国），我给他和他的妻子写了一封信。现在重看，觉得内容也许对很多年轻人会有帮助，所以把其中的部分摘录下来，与大家分享：

“……中国人的学问太过注重‘应该’怎样，但是‘如何做到’的学问则极为不足。老师、父母教孩子努力读好书，但是没有教孩子如何才能做到；他们教我们要克制脾气，但却没有教我们如何做到……夫妻之间应和气谅解，但又没有教我们如何才能做到。人生的种种道理，中国的文化里都可以找到，就是欠缺了实际做到的技巧。

“你俩已是夫妻，若无心或不积极地去做一些‘功课’，是不容易建立愉快、美满的婚姻生活的。幸福不是谁赐予的，而是需要两人明白和注意，并且诚意地执行一些思想与行为，使它们成为习惯。

“在我的‘亲子’书中，对于婚姻问题我曾写过：‘在这个世界上没有两个人是一样的，因此没有两个人在任何事上可以有绝对相同的看法。把两个有权决定自己人生的成年人放在一起，又要他们在几十年内，在所有事情上保持一致意见，这简直是做梦。更何况这两个人自己也认为凡事应该保持一致，但采用的方法是要对方迁就自己。’

“若两个人认为自己的信念、价值观及规条比两人之间的关系更重要，争吵便会出现。一旦出现太多的争吵及意见分歧，当需要对方在情绪上支持而得不到时，婚姻便会亮起红灯……

“你俩的相处中，目前有太多的不满，都是‘要求对方怎样做，但对方没有做到’而引起的。自己心中定下‘对方怎样做才对’的标准，才会有‘对方不应该或者应该怎样怎样’的想法出现。我的建议是减少对对方的要求，多寻找一些‘对方就算不这样做，我仍可以接受，甚至感到愉快’的想法。毕竟，改变自己比改变别人或改变这个世界来得容易。要靠别人怎么做自己才会开心，是把控制自己人生里的成功快乐的权利交给别人，然后企图因此而操纵别人。这样产生出来的无力感和给别人的窒息感，对什么人都不会有好处。

“对对方的要求越少，两人之间的开心机会越大。‘要求越少’，我指的是内心的，而不只是说不说出口的差别。

“‘信念’是事情应该怎样，是一般人心中口里的‘道理’。

“‘价值观’是事情对一个人的意义，其中什么重要，也就是事情所能够给这个人的得失，是每个人做或不做某件事的基本推动力。

“‘规条’是事情该如何安排，以保证取得哪些价值，实现哪些信念的思想行为模式。

“信念、价值观可以改变、修正、扩宽（兼容）。有些时候，这不容易做到。可是，信念、价值观往往无须改变，减少一些规条便已经能够使得事情有很大的不同，参与的人也能够有不同的感受。例如：‘他爱我’是信念；‘这份爱给我安全感’是价值；而‘他必须每天给我五次电话，才能证明他仍爱我’是规条。规条放松一些，双方感到的窒息感和无力感便会减少。

“另外一点，是建立未来的憧憬。我建议你们找些时间谈谈三年后你俩想身处在什么地方，有怎样的家，过怎样的生活，做什么工作，有怎样的收入，有怎样的思想、情绪状况等。很多人的今天都是在昨天的‘无意中’走出来的，想明天更理想，定下目标走，比随意地走有更大的成功机会。目标使你们更积极，走得更快，更齐心，更有成就感，亦会使你们在困难和迷惘时，更易知道应该怎样去突破。

“两人多谈谈话，谈话之中避免抱怨对方或者对对方提出要求。事实上，如果你们能够认真地试一次悠闲地谈话，刻意地控制说话中没有这两类的语言，你俩会惊讶所得到的舒服和感受……”

婚姻中出现的每个问题，两个人都有责任。

分居和离婚必然伤害孩子，要三思。

夫妻关系有所改变，不等于父、母、子的关系有改变。

如果要对孩子说另一方家长的不是，每说一项不是，至少同时说出一项对方的优点。

孩子对逝世亲人的怀念，对他的人生会有积极的帮助。

引导孩子做些纪念逝去亲人的事。

让夫妻关系好，要“做”一些事。

附录

李中莹先生的研究范围

我从事培训工作的最初两年，以工商管理方面的培训为主。我在1997年年初创立了自己的公司——专业效能管理研究室（Professional Effectiveness Management Institute），决定全力研究与人的情绪及态度有关的题目，我选择了进修及研究以下的学问。这些学问，不但可以运用在工商管理上，同时更可以帮助有需要的人在人生的各方面得到提升，获得更大的成功和快乐。

1. 身心语法程序学（Neuro-Linguistic Programming，简称NLP）。这是一门专门研究人们如何运用自己的脑，包括意识与潜意识，去改善每天生活的意义、提高做每件事的效果的学问。由于我们做什么事都必须运用大脑，所以，这门学问可以应用于人生中的每一个方面，因此也可以说是能提高众家学问的学问。NLP可以使一个人有彻底的改变，消除自己内心的障碍，从消极变为积极，对人生的种种事情有清晰的了解，从而找到人生成功的路向。

这门学问由两名美国人李察·宾特拉和尊·格连达在1971年开始研究，从1976年创立至今已有40年，已广泛传遍欧美各国。香港的徐志忠神父在20世纪70年代末期便已接触这门学问，并在80年代初把它介绍给香港人，可以说是香港NLP之父。从90年代开始，徐神父每年都举办执业文凭课程，直到1997年为止。在1996年及1997年两年里，我都在徐神父的课程中任教。自1999年起，每年开办我本人的中文版本的NLP执业文凭课程。另外，我经常举办一个为期3天的NLP实用技巧课程，让抽不出时间读130小时文凭课程的朋友掌握一些即学即可见效的NLP技巧。这个为期3天的课程，从1998年年底起也在广州和马来西亚推出。为了全力发展“和学”的学问，我在2011年停办上述的NLP执行师文凭课程。

2. 运动机制学（Kinesiology）是研究如何运用人体本身已有的学习、强化和治疗能力的学问，其中包括了中国的经脉知识和西方近代对器官、肌肉及经络的研究成果。例如中国的针灸，便是运用身体本有的复原能力去提升一个人的生命系统机能，而运动机制学比针灸更进了一步，发展出不需用针灸也可以达到增强智力、改善健康等效果。

这门学问是由佐治·古克特医生开始研究的，至今已近50年。1996年我第一次接触这门学问，去新加坡上了一个工作坊，1997年我把它引入香港，举办了第一个Touch For Health及Brain Gym课程。1998年，我们邀请了世界级大师Dr. Carla Hannaford（韩纳馥博士）到香港主持课程，并去广州做了一次公开演讲。现在，中国香港及内地已经有很多人在推广这门学问了。

3. 情绪智能（Emotional Intelligence，简称EQ）这个名词在1995年因丹尼尔·戈尔曼所写一本同名的书而闻名世界。但EQ本身尚未形成一门成熟的学科，研究的人也很少，即使是20世纪心理学主流派系——认知心理学和行为心理学，也都很少研究情绪。我个人觉得情绪、思想及身体是构成一个人生命系统的三个主要方面，十分重要。在情绪方面可以帮助研究的学问很多，特别是近年科技突飞猛进，使很多在过去无法做到的研究工作成为可能。例如脑神经科学，它的迅速发展，会使研究情绪的人渐渐增多。我认为我研究的一些成果，已经超越了丹尼尔·戈尔曼所著的书的范围。不少机构对我研究的成果感兴趣，我经常被邀请做这方面的演讲及开设相关课程。我也曾与香港的管理专业发展中心，合作发展出一套"管理人员与EQ"的工作坊，1998年—2000年年底在他们的中心举办。在我研发出来的"简快身心积极疗法"里，在我主持的多个工商管理培训课程中，以及在我即将出版的著作里，我都将与大家分享这些关于情绪的学问。

4. 脑神经科学（Neuro science）是近年发展非常快的学科。这是因为很多先进科技产品的出现，使研究处于运作中的脑成为可能。人脑是世界上最复杂的东西，也是人类最重要的器官。能够对脑了解多些，我们便更能知道为什么NLP、EQ及Kinesiology等学问和技巧那么有效了。研究脑神经科学需要不断地跟进，因为几乎每天都有新的资料出现。举一个例子：心理神经免疫学（Psycho neuro immunology，简称PNI）这个词，数年前才出现，现在只有极少数的大学设有这方面的学科，甚至医学辞典都尚未列入！

5. 演讲培训技巧（Training Technology），也就是"教与学"的学问。为了能够与别人更有效地分享研究成果，我也深入研究培训方面的技巧。其实，培训技巧本身已经很多地运用上述四种学问，可以说它们是相辅相成的。今天，这方面的需求在企业及教育界都非常庞大与急迫，我发展出来的关于“教与学”的学问已日趋完善，除了不定期地每年上数个课程外，我计划在短期内写一本书，专门介绍这方面的学问。

6. 催眠治疗（Hypnotherapy）。2000 年我去美国 Anchor Point Institute 进修取得 Clinical Hypnotherapist（临床催眠治疗师）的资格。

7. 系统排列（Systemic Constellation）。2000 年我第一次接触这门学问。这是近十年来在欧洲最受人关注的家庭治疗技巧。我在 2000 年 11 月及 2001 年 5 月分别去美国及德国进修这门学问。现在已包含在我研发的“简快身心积极疗法”课程里了。

我很早便投身社会，在不同行业工作了 30 年才转为从事现在的工作。我比较有兴趣研究实用性的技巧而摒弃空泛的理论。我知道我不懂的东西很多，有赖各位前辈和各位学者指教。

这本亲子书是针对调整亲子关系的需要而设计的。它告诉读者，要想孩子有所不同，家长必须先在自己的思想、言谈、行为和情绪表现方面有所不同；自己不准备改变，而只想去改变孩子的家长是不会成功的。以“亲子关系的十个基本要诀”为基础，它提出了一整套实际和有效的概念和做法，并用图示及表格的形式提供了一些简单易学的技巧，让家长很快就能掌握、运用，并见到实效。